外贸高手
客户成交技巧

Waimao Gaoshou
Kehu Chengjiao Jiqiao

毅 冰 / 著

中国海关出版社

图书在版编目（CIP）数据

外贸高手客户成交技巧/毅冰著 .—北京：中国海关出版社，
2011.11（2012.1 重印）（2012.1 重印）（2012.3 重印）
（2012.7 重印）（2012.9 重印）（2012.12 重印）（2013.1 重印）
（2013.3 重印）（2013.7 重印）（2013.9 重印）（2013.12 重印）
（2014.3 重印）（2014.7 重印）（2015.1 重印）（2015.6 重印）
（2015.11 重印）（2016.3 重印）（2016.8 重印）（2017.3 重印）
（2017.12 重印）
（乐贸系列丛书）
ISBN 978-7-80165-841-8

Ⅰ.①外… Ⅱ.①毅… Ⅲ.①对外贸易—市场营销学
Ⅳ.①F740.4

中国版本图书馆 CIP 数据核字（2011）第 198379 号

外 贸 高 手 客 户 成 交 技 巧
WAIMAO GAOSHOU KEHU CHENGJIAO JIQIAO

作　　者：毅　冰	
策划编辑：马　超	
责任编辑：刘　倩　马　超	
责任监制：王岫岩	
出版发行：中国海关出版社	
社　　址：北京市朝阳区东四环南路甲 1 号	邮政编码：100023
网　　址：http://www.hgcbs.com.cn；www.hgbookvip.com	
编辑部：01065194242-7554（电话）	01065194234（传真）
发行部：01065194221/4238/4246（电话）	01065194233（传真）
社办书店：01065195616/5127（电话/传真）	01065194262/63（邮购电话）
印　　刷：北京新华印刷有限公司	经　　销：新华书店
开　　本：710mm×1000mm　1/16	
印　　张：15.25	字　　数：225 千字
版　　次：2012 年 1 月第 1 版	
印　　次：2017 年 12 月第 21 次印刷	
书　　号：ISBN 978-7-80165-841-8	
定　　价：35.00 元	

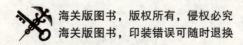

海关版图书，版权所有，侵权必究
海关版图书，印装错误可随时退换

序言 Preface

思路决定出路　厚度决定高度

福步外贸论坛 CEO　顾建飞

福步外贸论坛上的一些外贸高手已相继出版过外贸类图书，这些书涉及外贸业务的各个环节，如客户开发、商务谈判等，但从没有一本书在它出版前就如此受追捧，像 IPHONE 一样，在问世前就被万众期待。毅冰从 2010 年 4 月 29 日在福步开贴以来，不到一年半的时间里，独立第三方统计显示有超过 14 480 000 外贸人次阅读和分享了该帖，20 000 多次互动交流，被无数外贸网站、B2B 公司和培训机构转载，创造了中国在线外贸交流的最牛贴。

在福步外贸论坛近 10 年的外贸在线交流中，曾涌现出许多类型的牛人，其中有外贸达人、高校教授、银行专家等等，而毅冰能在这个圈子中独领风骚，我认为是有其必然原因的。

思路决定出路，从客户的角度入手讲解外贸销售工作

做外贸最重要的是和客户打交道，如果你非常了解客户的运作模式、习惯和特点，那你就能非常轻松地获得订单。毅冰的分享充分体现了这点，在字里行间将销售、采购、谈判的技巧融会贯通。无论是外贸邮件的写作还是价格谈判的技巧，他总结出一些前人的精华体验，见人所未见、言人所未言、写人所未写，角度新颖，思考问题和处理方式无

比细腻，真正做到了"细节制胜"、"力求完美"。让人阅读后，有醍醐灌顶的感觉，不禁大叹"原来是这样"，"对对对，就应该是这样的"，想不提高业务水平都难。

厚度决定高度，做好外贸要有行业广度和深度的积累

毅冰之所以能和这么多外贸人有如此高频的互动，是因为他在分享经验和技巧的同时，有针对性地帮助外贸人解决了他们遇到的难题。从轻工、纺织服装行业，到电子、机械行业，显示出其深厚的知识底蕴和行业积累。这些优势尤其在价格谈判中体现得十分明显，不同的行业有不同的特性，不同的客户类型有不同的应对策略，他的分享很有针对性，都是难得的经验之谈。

商场就是战场，士兵需要理论，更需要克敌制胜的法宝

和以往的图书不一样，毅冰的分享并没有太多的理论知识，而是立足于实践，不仅通俗易懂，而且实用、见效快。由于地域的关系，外贸业务员很难经常上门拜访客户，邮件就成了沟通客户的主渠道，毅冰的分享使得外贸人信心倍增。

感谢毅冰在这一年半时间内的精彩分享，也很高兴他精耕细作，总结多年外贸经验成书，并辅以大量的案例和实践经验。相信这本书一定会成为中国外贸书籍（除英语词典以外）中最热门的畅销书。同时，我要将此书推荐给国内的外贸专业师生、外贸类培训机构，该换换教材了！

2011 年 10 月 10 日

前言 Preface

莫听穿林打叶声，何妨吟啸且徐行。
竹杖芒鞋轻胜马，谁怕？一蓑烟雨任平生。
料峭春风吹酒醒，微冷，山头斜照却相迎。
回首向来萧瑟处，归去，也无风雨也无晴。

每当遇到困难的时候，每当情绪低落的时候，每当感到压抑无从发泄的时候，我都喜欢读这首《定风波》，让心情自然慢慢平复。

十多年前就会背这首词，但年复一年，每次重温，心境居然都不一样。也许经历不同，体会也就不同，能看到很多以往看不到的东西，能品味出不同的味道，或许这就是成长吧。

试看苏轼写该词时的情景：三月七日，沙湖道中遇雨。雨具先去，同行皆狼狈，余独不觉。已而遂晴，故作此词。

这能说明什么？我看到的是"坚持"！当同行们都吃不消，都狼狈万分，都有退缩的打算时，我却独自前行，沿着既定的目标走下去。果然柳暗花明，希望重新在转角出现，有如佛家的先"执"而后"破"。

外贸行业的朋友们是不是也经常有这样的体会？一个项目，经过了多次谈判，经历了重重磨难和数不清的问题，麻烦一个接一个。你经常想放弃了，但最终依靠信念坚持了下来，收获了成果。那种喜悦、那份成就感，是难以用言语形容的。

坦白地说，当前的大环境并不好，内因外因都有。内因是中国的高速发展，使国内的产能严重过剩，而内需在短时间内无法大量提升，消费无法拉动，就只有通过出口，让国际市场来消耗这过剩的部分。越来越多的同类供应商使竞争变得无比激烈，要在"红海"中突围谈何容易！外因就更严重了，经济危机下国际市场的需求锐减（至今尚未完全复苏），美元走弱和石油问题导致国际原材料价格上涨，人民币汇率上升和贸易壁垒的多重压力，使得以出口为主的整个外贸行业雪上加霜，步履维艰。

尤其是刚步入这个行业的朋友们，长时间甚至多年努力无果后，最初的工作激情自然而然会消退下去，在现实的压力下会变得消极、退缩、暴躁、易怒，同时极度质疑自己的工作能力，甚至直接退出并改行。

不得不承认，外贸出口的确越来越难了，大家都在夹缝中生存。努力是好事，也是我们中国人特有的良好品质，但努力无果的朋友们能否反思一下自己在工作的过程中是否有需要改进和修正的地方？是否能正确认识到自己的缺点和不足？是否发现有用错力的时候？是否意识到有这样那样的问题？

虽然说人生无捷径，量变才能产生质变，但在完善自身各方面能力的同时，多注意一些细节，少走一些弯路，少犯一些错误，多听多看多思考，这算不算另外一种"捷径"呢？

这正是本书写作的初衷，也希望成为朋友们选择本书的一个理由。

也许你读后会恍然大悟，原来外贸竟然如此简单！

也许你看到某些字句能会心一笑，觉得和自己的想法不谋而合。

也许你突然觉得醍醐灌顶，原来平时的很多想法从根本上就是错的。

也许你会猛然拍案而起，怪不得我就差这临门一脚。

……

最后，衷心感谢海关出版社，给了我这个宝贵的机会，能把一些粗略的想法付之于文字，呈现给诸位；感谢马超编辑在此书写作过程中提供的诸多建议；还要感谢福步论坛的顾总和各位同仁的支持。

总之,有了你们,有了大家的支持,才有了这本书的问世。若此书中的只言片语能给大家的外贸工作带来哪怕一丝一毫的帮助,都将是我这辈子最大的荣幸!

黄沙百战穿金甲,不破楼兰终不还。

与诸君共勉!

毅冰

2011年7月18日于香港

(毅冰新浪微博地址:http://weibo.com/u/3218980913)

前言

目录 Contents

第一章 寻找客户的技巧与方法 …………………………… 1
  第一节 合理利用展会 …………………………… 3
  第二节 把 Google 的作用最大化 …………………………… 16
  第三节 无处不在的机遇 …………………………… 21

第二章 写好开发信助你拿订单 …………………………… 25
  第一节 新手写开发信常犯的 10 个错误 …………………………… 27
  第二节 "美容"后的开发信 …………………………… 39
  第三节 如何抓住客户的心 …………………………… 50
  第四节 不可忽视的细节 …………………………… 65
  第五节 开发信中级与高级进阶 …………………………… 69

第三章 开发过程中必须注意的问题 …………………………… 77
  第一节 提高自身素质，认真对待每个询盘 …………………………… 79
  第二节 不要试图争赢客户 …………………………… 84
  第三节 切忌随意猜测对方的采购意图 …………………………… 87
  第四节 坚持底线，适当妥协 …………………………… 89
  第五节 避免对未完成的承诺做过多解释 …………………………… 90
  第六节 学会倾听对方的需求 …………………………… 93
  第七节 注意基本的礼貌 …………………………… 96

第四章 五步打造"完美"报价单 …… 99

第五章 如何谈判有妙招 …… 109
第一节 价格——谈判的重中之重 …… 111
第二节 破解价格的神秘 …… 113
第三节 价格谈判背后的五大因素 …… 115
第四节 博弈和心理战 …… 128
第五节 找机会打破僵局 …… 133
第六节 不要歧视小订单 …… 135
第七节 如何准备大订单 …… 137

第六章 选择合适的付款方式 …… 147
第一节 T/T …… 149
第二节 L/C …… 152
第三节 D/P & D/A …… 156
第四节 O/A …… 157
第五节 最安全的付款方式 …… 158

第七章 跟进客户的几个关键点 …… 161
第一节 细分目标客户 …… 163
第二节 量化日常工作 …… 167
第三节 该出手时就出手 …… 170
第四节 不要戴有色眼镜看人 …… 173
第五节 努力维系客户忠诚度 …… 176

第八章 必须注意的"第一次" …… 185
第一节 第一次写开发邮件 …… 187
第二节 第一次报价 …… 189
第三节 第一次寄样品 …… 193
第四节 第一次给客户打电话 …… 197

第五节　第一次接待客户 ………………………………… 200

第九章　深谙行业生存法则 ……………………………… 205
　第一节　知己知彼,百战不殆 …………………………… 207
　第二节　如何弥补短板 …………………………………… 209
　第三节　外贸行业里的"进化论"与"格雷欣法则" ……… 213
　第四节　里昂惕夫悖论、供求悖论与产业链条 ………… 217
　第五节　如何在危机中生存并壮大 ……………………… 223

第一章
寻找客户的技巧与方法

在整个外贸出口的销售过程中,业务员在完成对自己所在公司和产品的了解并做好定位后,就要有的放矢地进行业务开发了。不论是老客户的开发,还是新客户的开发,都属于广义的业务开发范畴。这里,我们专门讲解对新客户进行开发。

进行客户开发,首先需要有目标客户,否则缺少联系人,后面就无从谈起。这个"联系人",正是我们常说的"潜在客户"。我们做销售的最终目的,无非就是把"潜在客户"转化为"实在客户"。从建立联系到开始做生意,再到进一步合作,一个个 case(项目)就像流水线一样,有条不紊地循环下去。

可事实上,很多朋友觉得这第一步非常困难,往往有畏难心理,总觉得开发信发出去没效果,报价没回复,网上找不到目标客户等,久而久之,对自身能力产生极大怀疑,自信心也受到严重打击。

那么我们要问,外贸开发真的那么艰难吗?是的,说难也难,万事开头难,从零起点,肯定不会容易,需要自己不断地学习、摸索、努力;但说简单也简单,只要掌握了具体的方法,结合一些相关技巧,至少能使前期寻找客户和开发的过程不至于那么枯燥,能收到事半功倍的效果。

本章只分析客户开发过程中寻找新客户的技巧与方法。

第一章 寻找客户的技巧与方法

第一节　合理利用展会

之所以把"利用展会"放在第一章,是因为在我的经验里,展会的效果在开发新客户里可以排第二位,后面才是搜索引擎开发目标客户、付费 B2B(Business To Business)网站、公司旧资源(比如过去的展会名片,以前联系过的潜在客户等)、免费 B2B 网站,等等。

至于排名第一的,肯定是朋友之间的介绍,这是最有效的方法。老业务员或者老采购员接新订单和寻找新供应商,一般都是靠熟人介绍。在贸易行业混久了,自然会有这么一个圈子,圈内人之间互做生意,就变得很容易,机会也很多。

但是,对新人而言,人脉非常少,几乎没什么生意上的朋友圈,那么朋友之间的客户介绍就无从谈起,于是,展会就变成最重要的客户开发途径。

展会跟网络或B2B网站之类不一样，由于能直面客户，能让潜在客户来你的摊位，看到你的产品，跟你有短暂的交流，与你交换名片，甚至拿走你的样品。这样建立起的初步联系，会让彼此之间有一个直观的印象，效果自然比冷冰冰的邮件或传真开发要好得多。毕竟客户见过你，多少会有那么一点印象，那随后的跟进开发，就会唤起客户的那一部分记忆，回复率自然会高许多。

可能有人看到这里会说，展会的投入太大，如果用付费的B2B，同样会有很多询盘，跟进下去还是会有点效果的。这话没错，但是相对而言，能漂洋过海来中国看展会的客户，或者在当地一些local（地方性）的展会出现的客户，是不是购买欲望会更强烈呢？因为他们付出了时间、精力、金钱等成本，不太可能只是随便逛逛。

更何况，目前国际上的采购总监，或老板、大老板，大多都是40岁到60岁的资深人士，这些人决定了公司的采购方向，决定了订单的归属。他们的时间都很宝贵，工作很忙，不可能无休止地在网络上找供应商、比价格等。除了老供应商外，他们一般会在展会上寻找新的备选vendor（卖主），通过一些小单进行测试或是直接尝试合作。当然，真正的大买家也许很少会在展会上出现，也极少去广交会或者我国港台地区的一些行业展，但他们会通过一些大贸易商或进口商的渠道来下单，而这些公司同样会通过展会来寻找新的工厂或贸易公司。

一般来说，一个成熟的贸易公司或工厂，每年必须参加一些展会，不只为了开发新客户，也为了跟老客户找个机会见面，同时，展示一下自己的实力、顺便打打广告。如果你的公司实力很强，或者你有新产品或新设计，不去展会，又怎么能让客户知道呢？如果你的公司是正在发展中的中小企业，资金有限，外贸工作刚开展起来，就更需要通过一些性价比高的展会迅速壮大自己的潜在客户群，并从中发掘新的机会。这对于锻炼培养员工，也是一个很好的契机。

看到这里，大家恐怕会问，参加哪些展会的效果比较好呢？我的建议是适合自己的展会最好。不一定要参加最大的展会,订很大的摊位,做很豪华的装修,而是要量力而行,自己给自己量身定做一整套方案,这样就可以了。

我从业多年,去过不下 70 次展会,包括中国、西欧、美国、中东等国家(地区)知名的综合展会和行业展,总结了以下 7 个比较重要的技巧,给参展的朋友们一些参考。

技巧 1:选择展会要谨慎

对参展商而言,展会的选择确实很重要,如果去了一次展会没什么收获,不仅费钱费力,对信心的打击同样不可估量。所以,参展前必须做好详细的调查准备工作,了解各个展会的优缺点和性价比,再根据实际情况,选择自己准备参加的展会。

目前在我国,可能大部分供应商会选择广交会,毕竟它历史悠久,参展的客户最多,这个优势是其他展会所无法取代的。但广交会投入相对较高,未必适合一些小公司和新开展外贸业务的公司,而且综合性的展会不见得适合一些特别专业的产品。在这种情况下,一些行业展效果会更佳,因为面对的都是同一行业的采购商。

如果你的公司产品非常单一、专业化程度很高,一些国内外的五金、家具、电子、照明、数码、汽配、原材料、食品类的行业展也许更加适合。当然,如果资金预算够的话,综合性的展会也可以作为补充。

若如果你的公司是以杂货为主的贸易公司,那就要选择人流量尽可能大的综合性展会,比如我国内地的广交会、华交会,我国香港地区的礼品展、家具用品展,美国的芝加哥家庭用品博览会、拉斯维加斯国际家居用品展,中东地区的迪拜国际商品交易博览会,还有德国科隆、英国伯明翰、意大利米兰、日本东京、巴西圣保罗等地的各类综合性展会,都是可以考虑的。

对于我国香港地区的展会需要补充一点,那就是尽量选择香港贸发局举办的各类展会。这些展会质量相对较高,知名度也比较高,因为有香港特区政府的号召力，很多客户慕名而来，对参展商更有利一些。

另外，我国地方的外经贸局对于企业海外参展都有不同程度的补贴，对有些展会的补贴还很高，所以，海外参展不见得比广交会贵，甚至很多还便宜许多。曾经有开贸易公司的朋友去俄罗斯、日本和印度参加了三次展会，总费用居然和参加一次广交会差不多。因此，对各个公司来说，首先要对自己的公司、产品、消费群体和目标客户做一下定位，然后再有针对性地选择展会。千万不要人云亦云，听说哪个哪个展会比较好，就盲目地参展，要做好选择和准备工作。

技巧2：展位大小看情况

选定了展会以后，接下来要考虑的就是展位大小的问题了。以广交会为例，一个标准展位的规格是3米×3米，也就是9平方米。对于大公司或产品相对较多的公司而言，这样的规格显然是不够的。这个时候，很多公司会选择同时租几个展位，拼在一起，这样能展示更多的产品和更好的企业风采。如果再进行特装，会使展位更加美观，能吸引更多的采购商。

理论上讲，展位是越大越好，不仅能放更多产品，吸引更多客户，同时也能展现自己公司的实力。但问题是，展位越大，投入的费用就越高，人力投入也就越多。

我做过推算，假设一个广交会标准展位的价格是30 000元人民币，两名员工的花费大概是15 000元人民币，那么，多增加一个展位，就差不多要增加100%～150%的花费，因为通过展览公司买的展位肯定会高于公价，有时甚至高出很多。

那我们就不免会考虑边际效益的问题，当增加一个展位，预期效果会增加多少？如果没有翻倍的叠加，我还是建议"小而精"，控制成本预算，力求效益最大化。

如果没有特别多系列的样品，东西又不是很大的话，还是尽量精致一点。弄一个标准展位，找个好的位置，比如靠近门或者电梯的地方、靠近中间过道的地方,人流量会大一点,经过的客户越多,曝光率越高,机会就越多。接下来就看你的产品、设计等怎么吸引客户了。

还有一种情况,就是如果客户本身实力不是特别强,不喜欢去逛那些又大又豪华的特装展位,情愿选择一些看起来比较专业的小展位。客户是有他的顾虑的,他希望找到与他的需要匹配的供应商,希望找到他要的产品。比如客户要找一把美工刀,暂时先下500个作为试单,估计就会选择这些小的展位,而不会去那些大公司的摊位,这是肯定的。

好比一家饭店装修得金碧辉煌,跟五星级饭店标准差不多,尽管会吸引很多客户,他们觉得这饭店不错,但同时也会阻挡很多客户,他们觉得这饭店太豪华了,价格应该也很贵。它的饭菜价格可能很便宜,但是很多客户却不知道,因为华丽的装修阻挡了他们光临的脚步。

所以,对参展商而言,展位的大小要根据具体情况、自身实力和对目标客户的定位而定,一味地求好求大并不可取。

技巧3:参展资料勤准备

对于参展商而言,一次展会不仅是给自己公司打广告,更多的是希望通过展示把公司和产品推出去,吸引更多的潜在客户。成交,才是最终的目的。

那么,前期的准备工作就无比重要了。除了样品之外,还要有样本、名片、报价单、手提电脑、相机、记事本、A4纸、黑色水笔、卷尺、告示贴、订书机、回形针、文件夹、固体胶水、透明胶、金属票夹、铅笔、橡皮、纸巾等,有条件的话,最好带上打印机、扫描仪和电子秤。如果展位太小,最后三样可以不带,但最好带上一个小型电子秤。

以上这些东西都是很有用的,也是笔者多年参展的经验之谈,下面就简单解释一下这些东西的用处。

样品、样本、名片、相机、记事本不用说大家都知道,这些是必须带的,这里就不再多说了。至于手提电脑,不仅仅是一台电脑,里面还

第一章 寻找客户的技巧与方法

需要有充分的资料，比如电子版的报价单，更多的产品图片，产品的效果图、包装图、设计图，甚至工程图纸等，很多详细的资料是要在电脑里准备着的，一旦碰到有意向的客户，随时可以拿给他们看。另外还需要在电脑里准备一个介绍自己公司的 presentation（演示），可以是类似于 PPT 格式的，大致介绍自己公司、产品、市场、现有客户、年产值等，给客户一个直观的印象。特别是一些比较大的客户，很介意供应商的背景。

A4 纸一般是给客户用的。当客户需要写写画画，或者要表达什么意思而很难用文字形容时，就需要借助于图形之类的，这个时候就可以拿出 A4 纸给客户使用。至于黑色水笔和铅笔、橡皮是可选的，很多客户会用水笔，但也有一部分客户特别喜欢用铅笔，这个时候就需要照顾他们的习惯。另外，画草图的时候，铅笔往往更有用。

打印出来的报价单，一般要准备两种：一种是中文的，给自己和同事内部看；一种是英文的，给客户报价的公共格式。公共版的可以多打印一些，如果客户有兴趣，直接就可以给一份，比较方便。当客户仅仅需要其中几页的时候，回形针或者订书机就起到作用了。而订书机的另外一个功效是当客户拿你们样本的时候，记得把名片订上去，然后另外再给一张名片。因为样本也许他翻翻后就丢在酒店里，未必会带回国，而多一张名片就多一个联系到你的机会。

告示贴也是给客户使用的。当客户询价的某几款产品在你样本里有的时候就可以在上面标注一下，但有些样本比较厚，客户不容易翻到就需要贴上告示贴，在上面注明一些信息，起到强调的作用。

文件夹虽然没有这么重要，但也必不可少，是给自己用的。当客户提问某些专业问题，或者一些参数没有办法回答，需要参考资料的时候，你直接翻阅一个整齐的文件夹并给出答案，会给人一种很专业的感觉。

当客户拿了样本，但对报价单兴趣不大，只简单在 A4 纸上记了点东西，或者只拿了报价单中的一页，这个时候就有必要用固体胶水把报价单粘在样本内页的第一页，让人一翻就可以看到。如果随便夹在里面，也许会掉落，这个细节需要为客户考虑周到。

透明胶基本上没有太大的作用，一般是展会结束后，打包样品的时候用，或者是第一天布展完成，大致在展位外面封几条，禁止他人入内等。对客户来说，不一定有实际的用处。

卷尺和电子秤或克重秤很重要，因为很多客户询价时都会关心产品的重量和尺寸，当你不能随口报出来时，就可以马上称一下，量一下，然后根据客户的要求，用公制单位或者英制单位告知他。

可以在桌上放一些糖果和饮料，供客户座谈时随便用点，这是拉近彼此间距离的一种好方法。学过心理学的朋友应该知道，这样可以让对方心理的防备有所下降。

最后剩下纸巾，可以给客户擦汗、擦手用，也可以自己用，这个大家都明白。但是有一个细节，当客户示意要看你架子上某个样品的时候，你拿下来，然后用纸巾在彩盒或者包装上擦一下再递给他，他一般都会对你说声"Thank you"，会觉得你很细心。这也是一个外贸人员良好素质的体现。

技巧4：参展人员须细心

参展人员，特别是第一次参展的朋友们，要特别注意一些细节，以免给客户留下不好的印象。比如服装的整洁、脸部的微笑、不卑不亢的谈吐、礼貌的服务等，都是不能忽视的。

一般客户进展位时，尽量用"Hi"、"Hello"、"Welcome"之类的简洁性用词，或者"Can I help you?"，给客户良好的第一印象。当客户对某一产品有兴趣，想要询问一些细节或者要求报价的时候，应该先请客户坐下，然后给出简短的回答，并告知客户回头会给他一份详细的邮件和报价单。一般说到这里，客户都会主动拿出名片，如果没有这个动作，你也可以主动一点，拿自己的名片跟客户交换。

要注意的是，递名片和接名片需要用双手，这是对对方的尊重。如果拿样本给客户，同样需要用双手递出。

另外，当天的事情要当天处理。白天在展位上谈过的客户，晚上回酒店后就要尽量把邮件、报价之类的全部发出去，这个时效性其实非常重要。很多朋友喜欢收集名片，一次展会下来收集了一大堆，然后回去以后再慢慢分发给不同的业务员去跟进，结果回应者寥寥，就是因为忽视了时效性的问题。

举个例子，你公司出口毛绒玩具，今天一个客户来你展位上挑了一款毛绒的兔子，谈好尺寸后要你报价，也给了你名片。如果你等一个礼拜展会结束回公司后才给客户报价，会有效果吗？也许有，但是无形中自己就浪费了很好的机会。你怎么知道客户在展会上就跟你一家谈过这个产品？如果别家也跟客户讨论这个项目，但是展会当天就给了客户准确的邮件和报价单，那还有你的机会吗？或许等你回到公司兴致勃勃地准备报价单时，别人已经连样品都已确认完毕，差不多确认订单了。

因此，动作必须快。展会的客户往往都是有心人，成交的可能性也很大。一旦收到询盘，就要当天处理，最迟不能过第二天。即使客户全天很忙，走了很多摊位，谈了很多东西，但一般当天看过的，多少会有点印象。你的 E-mail（电子邮件）一过去，一下子就会唤起他那部分记忆，就有可能继续进行下去了。

对于展示的样品，业务员必须了解透彻，从性能到包装，从材料到价格，事无巨细，都要考虑周到。因为在展会上很有可能直接跟客户谈判，如果对产品不熟悉，试问将如何谈判下去？当客户问一些问题的时候，一问三不知，或者时不时打电话请示老板或者联系供应商，又怎能让客户相信你是 expert（专家）呢？

技巧 5：展位布置不马虎

展位的布置是不容忽视的，大家投入了人力、物力、财力去参加展会，除了见见老客户或者打打广告，最大的目的就是开发新客户。

对于客户来说，他们几天内要走很多个展馆，看几百个展位，时间非常有限，如何吸引这些采购商的眼球，让他们停下脚步看看，甚至进来谈谈，就是我们要做的功课。如果企业没有特别彰显自己的常用颜色，最好以大胆且抢眼的颜色为主，比如用红、黄、绿这些特别鲜明的色彩做主色调，以产生强烈的视觉冲击感，会收到意想不到的效果，尽量避免灰、白这类容易融入背景的中性色。

我们可以把展位当做店面，把客户当做消费者。开店要吸引消费者进来买东西，除了产品，还需要装修，但更需要一种感觉。这种感觉说不清道不明，经常去展会的采购商都有体会，眼睛随便一扫，就知道哪类展位是自己应该过去看看的。这可以理解为特色，可以理解为赏心悦目，但这种感觉的真正核心就是"专业化"。第一眼看上去，就给人一种相当专业的感觉。

要做到专业，首先要从产品做起。带去的产品要好好归类，分类摆放，有些产品可能需要货架和层板，有些吊卡之类的包装需要用挂钩，这就需要一个类别一个类别地分开，不能让客户一眼看过去都不知道这公司究竟是卖什么的。如果几类产品之间没有太大的联系，最好放置在不同的区域，这样客户路过的时候，甚至远远望过来，就能马上看清楚。

有一个需要注意的地方，就是展位不论大小都必须有一个主要的位置放公司主推和主打的产品，比如新的设计、新的款式、新的颜色、新的包装等。特别能夺人眼球的，一定要放在最醒目的区域，这个区域我把它称为"黄金展台"。黄金展台不能太高，也不能太低，要考虑到客户的视线范围。比如我们在超市买东西，从上往下数第二、第三排通常都是最好的位置，这个角度正好和消费者的视线平行，这样看东西、拿东西就比较方便，容易激起人的购买欲望。

展位也是一样，"黄金展台"如果有货架单独陈列展示，当然最好，如果没有，也要尽量放置在与视线齐平的区域里。另外，最好在这一类产品周围弄一些东西加以点缀，起到一个强调的作用，和其他的样品有所区分。

以前布展时，我的样品有两大类，一类是户外野营用品，一类是户外灯具。野营用品很多是帐篷、睡袋类的，比较大，我就各带了一款样品，其他全部用效果图打印出来，贴在展位的墙壁上，路过就能看到。灯具类的，我按照功能区分，左边全部是小型的，右边全部是中大型

第一章 寻找客户的技巧与方法

的，中间划出区域做"黄金展台"，用一个金色的条框包起来，里面是最新款的几款野营灯，而下面则是针对这几款灯开发的多种包装，如彩盒、双泡壳、PDQ（展示盒）等。上方用射灯打下强光，再弄一条灯带点缀一下，看上去效果很好，至少路过的人一眼就能看到。如果产品跟他们的需求对口，他们就会多看几眼，甚至跑进来仔细看看。当年在德国科隆，我就是凭借这几款灯具，一连签下了7位客户，不能不说跟展位布置有关系。

还有，名片和样品必须放在最外面，让客户路过的时候可以翻阅，可以自行取用。名片除了你准备递给客户的外，还需要在样品旁边也放上一两盒，有些客户喜欢收集名片，会自己拿。

另外，诸如易拉宝之类的广告牌，如果有空间，还是要放一下。毕竟东西要尽量多一点，但多而不乱，突出产品，也能够让客户简单了解你们公司。

技巧6：参展样品很重要

当其他的东西都准备完毕后，最重要的就是样品。当客户不了解某家公司的时候，来展位第一眼看到的就是架子上的产品。

即便展位装修得再好，布置得再合理，但是如果产品平淡无奇，或者没有系统性，客户还是会摇头的。产品必须要体现自己的专业性，不论是工厂还是贸易公司，给客户的感觉都必须专业。我是买手，每年都会去国内外多个展会，判断一个供应商在某类产品上是否专业，第一眼看的就是他的样品有没有形成一个系列。

举个例子，去年4月份我在广交会找园林剪刀的供应商。有一家供应商有很多剪刀，包装和颜色都很多，但一眼看上去比较乱，有一种很多不同的样品拼凑在一起的感觉，没有一个突出的重点，很难引起我的兴趣。另外一家就不同了，所有的样品都是两种颜色，绿色的产品全部走中低端市场，黄色的产品全部走中高端市场，两个系列泾渭分明，纸卡也是两种色系，能给人强烈的视觉冲击感。可以看出，这个供应商是经过精心准备的。虽然就一个小小的摊位，但两个版面清清楚楚，一扫就知道他们是做什么的，能给客户留下不错的第一印象。

还有一点，参展的样品最好是新打样的，因为时间久的样品可能会显旧，包装和颜色都不如新的鲜艳，多少会有点差异。特别是泡壳类包装的产品，泡壳放置久了就容易发黄，会严重影响美观。没有人会喜欢脏兮兮的样品，一定要保持样品清洁干净、摆放整齐。

对于参展的样品，准备的时间越充分越好。因为往往会受其他的因素影响，比如快递延误或者颜色不准确需要重做等出现延误，宁早毋晚。如果条件允许的话，每个样品至少要准备两套。要考虑到可能发生的意外情况，如果一套破了怎么办？丢了怎么办？所以，要有备用的，这样才有备无患。

样品带去展会前，还有最后一个工作，就是测试，必须确信所有参展的样品都是完好无损的。如果是电器或者其他功能性的产品，还需要测试其功能。如果有内置电池的，事先要把电全部充满，在客户做 selection（选择）的时候，就可以试一下。这是我的一个亲身经历：为给美国的一个进口商找电扇，在一个摊位看到很多款，样式不错，一问还是广东的工厂，我马上来了兴趣，了解了详细参数，拍了照片，问了价格，都觉得挺不错。临走时，我突然想试试那几台电扇，结果问题来了，我看中的几款插上电源后居然一动不动，业务员也很尴尬，拍了又拍还是没动静，只能解释说可能是样品准备匆忙，里面的线路没有接好。这样一来，我的信心也就没了。后来我也没再联系他们，订单下给了别家。

所以，样品绝对很关键，容不得半点马虎。样品代表了你公司的产品和能力，如果你的样品不好，客户自然不会看好你公司的产品，由此引发的负面效应绝对致命。我们在做好样品后，必须进行测试，到了展会以后，还需要再做一遍仔细的检查，确保没有问题后才可以展示出来，因为样品代表着公司的形象。

技巧7：小名片有大学问

前面已经提到了 6 个技巧，包含了参展商所需要注意的大部分细节，这里还有最后一点，就是名片的印刷。

可能有人会说，不就印名片嘛，正面中文，反面英文，无非是公司名、职位、地址、联系电话、网址等，如果你这样想那就错了。名片就像古代的拜帖，一手好字绝对会增加印象分。所以，名片的制作绝对不可以马虎，粗制滥造会给人不好的印象。

首先是纸张。国内的名片纸张有很多种，但是我仔细研究过欧美客户的名片，一般纸张都比较厚实，克重上很讲究，用颜色突出公司名或者LOGO（商标），使名片看起来不太单调，有些还会把文字印得有凹凸感，摸上去手感很不错。还有一种比较薄的名号，类似于塑料片，不易受损，几乎没法撕掉，目的就是让收到名片的人保存下来，或者多保存一阵子。如果纸张很薄，很容易破损，或者上面的油墨容易脱落，别人保存的积极性自然就会降低。但是一张名片面积有限，如果一面中文、一面英文，显得苍白了一点，特别是展会用的名片，最好能突出一下产品和优势之类的，那怎么办呢？不用着急，还有一种对开式的名片。如果客户把这种名片放进名片册里，它和普通的名片一样，但如果拿出来打开，中间可以印上公司的产品简介和优势，甚至把拥有的证书或者第三方的验厂的信息放上去，使内容增色。如果做欧洲市场，还可以把诸如CE、RoHS、GS、REACH等欧盟要求和标准等放上去，突出自己的专业和优势。又比如通过第三方验厂的，也可以增加一句如"Factory was audited by SGS/ BV/ ITS"之类的语句，但是必须是真实的，以起到强调作用。

文字上，英文很好理解，但是中文的话，建议用繁体字，因为我国港台地区、东南亚及海外华人经常使用繁体中文。根据以往的经验，我国内地居民基本上会读写简体字，同时能基本看懂繁体字，但不太会写。港台地区和海外很多华人能使用繁体字，但是看简体字就很吃力，所以，在这种情况下，使用繁体中文和英文两种语言比较合适。

至于字体上，中文尽量用宋体或新宋体比较规整，尽量少用行书、隶书或行楷来印刷，太富有艺术和文化气息反而不太像商务人士；英文可以适当调节字体，Arial, Calibri, Calibria, Palatino Linotype, Times New Roman, Verdana等字体在国外用得都比较多，可以适当排版，设计一下字符间距和大小。公司名或者LOGO（商标）可以稍微花哨一点，颜色可以夸张、抢眼一些，起到点缀的作用。

曾经有朋友问我名片上有没有必要写上手机号码，还有MSN，Skype等聊天工具。就这个问题我咨询过几个德国朋友，得到的一致意见是，手机号码可以写在名片上，但是MSN和Skype等聊天工具信息肯定不能写，因为名片应该是非常正式的，不应该出现这类信息。甚至有客户认为，连手机号码都没有必要印上去，否则有的时候会显得不够正式。这的确有道理。我翻查了一些以前展会上收到的名片，大部分都没有手机号码，只有一个办公的座机。也许是外国人公和私分得比较清楚，手机和聊天工具大多数时间是作为私人用途的，平时也不喜欢被打扰，所以一般都不会印在名片上。

名片上的邮箱地址最好是和公司名匹配的企业邮箱，看上去最正式，符合客户们的想法。如果实在没有企业邮箱，那就用Hotmail，AOL，Gmail，Yahoo等国际用途广泛的邮箱。尽量少用单纯的国内邮箱，否则会给人不正规的感觉，而且在收发邮件上或许会有麻烦，很多E-mail（电子邮件）就有可能直接进垃圾箱而被忽视了。

最后需要注意的是名片上的title（职位）。中文的很好说，比如业务员、业务助理、业务经理、外贸总监、外贸副总、总经理等。一般来说，主要跟外国人交换名片的参展商，通常都是销售类的员工，其他职位可能比较少，所以名片上的职位必须要准确，以免客户看过却不知道这人到底是干什么的。

至于英文，现实中笔者发现，这些职位的英文描述常常是五花八门，很多是凭想象来翻译，也有很多是直译，和国外有很大的差异。这一点，我觉得应该尽量向国外靠拢，这样才有共通点。否则客户都会有一个想法，在他不知道该联系哪个同事的时候，就只会来麻烦你的老板或者大老板，这样一来，你的作用就被弱化了。所以，职位的翻译必须力求准确。

我曾跟美国多位大公司高管讨论过title（职位）的问题，虽然有很多种叫法，但一般情况下，以下几种在欧美的商务人士中使用比较多：

第一章 寻找客户的技巧与方法

业务员——Sales（如果是纯贸易公司，也有部分会用 Merchandiser）

业务助理——Sales Assistant 或 Assistant Merchandiser

业务经理——Sales Manager 或 Marketing Manager（如果该业务经理已经是公司业务的老大，也可以用 Sales Director 或 Marketing Director）

外贸总监——Sales Director 或 Marketing Director

外贸副总——VP（Sales & Marketing）

总经理——General Manager 或 Managing Director（也可直接用 Director 代替。如果总经理又是公司的大老板，直接用 Owner（所有人）也可以。在西欧和美国，人们很尊敬那些老字号的公司，如果你的公司有一点点历史，成立几十年，你又是公司的 Owner，客户自然会对你肃然起敬。如果是创始人，就直接用 Founder，这会让客户觉得更加了不起！）

看，虽然只是一张小小的名片，但是里面却有大学问。细节真的不能忽视，很多时候质变就是在不断量变中突然产生的。

第二节 把 Google 的作用最大化

诚然，展会能直面买家，有面对面的沟通机会，但对于业务员而言，每年的参展机会是有限的，一般也就几次，其余的大部分时间还是要放在别的地方。老业务员一般有稳定的客户群、稳定的订单，一年几次展会就足够了。可新手或者刚开始从事销售的朋友们，因为没有积累起老客户，所以开发就变成了一个不能回避的问题。

一年参加一两次展会，可能只是给老业务员或主管打打下手，又或者暂时还没有参展的机会，那平日里的开发就更艰巨了。考虑到直接接触客户的困难，大部分的精力就只能通过 internet（网络）了。

相信大部分朋友看到这里能会心一笑，大家都是这么走过来的，都有这个过程。开发业务本身就不是件容易的事，更何况还要跨越千山万水，要克服文化和语言的差异。会有多难？只有亲身经历过才知道。

通过 B2B 网站找客户也好，通过搜索引擎找客户也罢，方法是多种多样的，只要用心去钻研，会有很多新的收获。只有先找到客户的联系方式，才能有下一步的动作，才会有继续下去的机会，否则开发就无从谈起。但不管怎么样，开发客户，终究是以"开发"为目的，B2B 网站似乎给人一种守株待兔的感觉，没有主动出击来得畅快。

目前众多搜索引擎中，使用量和访问量最大的，无疑是 Google，它也是外贸朋友们用得最多的。可很多人会说，Google 不怎么有用，往往通过关键词搜出来的都是 B2B 网站或广告，要么就是一大堆的同行。如果你看到这里点头了，说明你并没有把 Google 好好用起来，很多秘密你根本不知道。其实用一点小小的技巧，结果就会截然不同。这里，我对平日里使用 Google 的方法做简单的归纳梳理，希望能给大家一些新的体会和启示，不至于在开展工作的时候感到手忙脚乱、无从下手。

技巧 1：巧用关键词和关键词组合

大家都知道，关键词就是在 Google 上搜索自己所从事产品的关键词语。比如做促销礼品的，一般都会直接搜索 promotional gifts（促销礼品）。这没什么不对，也能搜到不少潜在客户的网站。如果把关键词稍微换一换，考虑到一个中文单词可能有多种英文说法，搜索出来的结果就是成倍递增了。

这样还不够，因为还是会搜到很多网站，但没有邮箱，一点"Contact"页面就需要填表格的那种，干扰很大，也耽误时间。这时就需要灵活运用关键词组合。比如 Hotmail, Yahoo, Gmail, AOL 这几个公共邮箱域名，它们有大量的使用群体，你的目标客户会不会也在里面？很有可能！那尝试搜索 promotional gifts @ hotmail. com 或 promotional gifts @ gmail. com 等，这就跟单纯使用产品关键词有所不同了，精确度一下子就高了很多。

说到这里，聪明的朋友们已经可以举一反三了，这四个只是最常用的公共邮箱而已。那么，区域市场内会不会有常用的公共邮箱呢？比如中国人会用163（网易）、sohu（搜狐）、qq（腾讯）、sina（新浪）等邮箱，日本人、韩国人、欧洲人会不会也有不同区域的常用公共邮箱后缀？答案显然是肯定的。比如日本多用@yahoo.co.jp，中国香港地区很多用@netvigater.com，美国有一部分地区用@comcast.net，德国多用@t-online.de，瑞典多用@caron.se，澳大利亚很多用@westnet.com.au，法国多用@excite.com，等等，这需要大家用心去留意。

只要能发现这些，然后配合关键词，用多种搜索方式，信息量和目标客户会大把大把地呈现在你面前，供你筛选。

技巧2：善用各国的 Google 网址

使用搜索引擎，要适应当地的情况。比如你要开发英国市场，在 google.com 里搜索关键词，肯定不如 google.co.uk 效果好。因为不同的区域市场，肯定是 Google 在当地的搜索引擎的匹配度最高。

以下是常用国家的 Google 网址：

美国：www.google.com

英国：www.google.co.uk

德国：www.google.de

法国：www.google.fr

日本：www.google.co.jp

意大利：www.google.it

荷兰：www.google.nl

瑞士：www.google.ch

加拿大：www.google.ca

澳大利亚：www.google.com.au

还需要注意一点，当使用当地的 Google 网址搜索时，最好选择当地的语言，这样效果会更好。至于关键词，可以先试着用英文搜索，再用当地语言搜索，往往会有更多收获。

如果你不懂法语、日语、德语、意大利语等，这也不是什么问题，因为 Google 还有一个重要的翻译工具，可以把英语或中文翻译成你想要的语言。当你用通过翻译后的关键词进入潜在客户网站，除了看图片外，只要知道 Contact Us 在哪个位置，就会顺利找到客户的联系方式了。

技巧 3：锋利的 site（定位）

Google 有一个很强大的 site（定位）功能，能把搜索范围限定在特定的站点。如果说我要找促销品的客户网站，但是我最近打算开发英国市场，我只要找英国的网站，其他的都不要，那就要用到 site 的功能了。方法如下：

在 Google 的搜索栏里，打入网站（site）：uk promotional gifts，搜出来的网站基本上都是以 uk 结尾的英国当地网站，无形中就把搜索范围进一步缩小了。如果再配合关键词组合，效果更佳。但需要注意的是，网站（site）后面的冒号必须是英文符号，而且冒号的后面不能有空格。

我们还可以把前面的两个技巧和这里的 site（定位）结合起来，比如先进入 Google 的法国站 www.google.fr，会发现有这么一条"Google.fr 使用下列语言：français"，这个时候点击 français，就是确认在法语环境下使用 Google 法国站。

我们通过翻译工具得知，promotional gifts（促销礼品）的法文是 cadeaux promotionnels。那我们就可以结合技巧 1、2、3，开始搜索网站（site）：fr cadeaux promotionnels @ excite.com，会有什么结果呢？很多目标客户开始浮出水面。

当然，有的时候太精确了并不好——很多鱼会漏网。所以几种技巧要搭配使用，或者单独使用，总之要灵活多变，才能发现很多以往发现不了的问题。

看到这里，问题又来了，既然 site 这么好用，有没有别的类似的好办法呢？答案是——有！还有以下两种也用得比较多，使用技巧完全一样，一个是 intitle，能把搜索范围限定在特定网页标题中；另一个是 inurl，则是把搜索范围限制在 url 链接中。

以上这些东西都需要平时多尝试、多摸索，才能把 Google 的作用最大限度发挥出来。

技巧 4：不走寻常路

这个技巧其实跟以上三种不同，并不是具体的经验教学，而是一种方法论。大多数同行都在使用搜索引擎，所以常规的方法很多都是被别人用过的，可以使用，但需要有变化。

在使用搜索引擎的时候，要学会"不按常理出牌"，别人可能直接搜索 promotional gifts（促销礼品），你就可以搜 buy promotional gifts（买促销礼品）、purchase promotional gifts（采购促销礼品）、sell promotional gifts（卖促销礼品）、supply promotional gifts（提供促销礼品）、promotional gifts supplier（促销礼品供应商）、promotional gifts vendor（促销礼品卖主）、interested in promotional gifts（感兴趣的促销礼品）、promotional gifts manufacturer（促销礼品制造商）等，可以单独搜，也可以结合前面 3 种技巧混搭着搜，就像服装行业，设计师不是也经常强调混搭风吗？混搭往往会有不一样的灵感和美感产生。

不一定要专门找那些买促销礼品的，思维可以放宽，比如对方是卖促销礼品的，也可以是你的目标客户。只要对方在海外，很多东西就需要进口，就有合作的可能性。

所以，思维不能有定式，要像流水一样，水无常形，可以根据不同情况发生变化，这样才可以找到新的突破口。

以上四种技巧是我在从事第一线销售工作时常常采用的，曾有过不错的收获，当时最大的客户也是通过 Google 这个工具开发出来的。但搜索引擎不只是 Google，还有诸如 Yahoo、MSN、Bing 之类的，各有各的特色，需要好好琢磨和研究。

总之，搜索引擎就像一座宝山，要慢慢开发，慢慢挖掘，财富往往埋在比较深的地方，随便铲两下是不会有太大收获的，要用耐心和时间，配合技巧和运气，才会有所斩获。

既然已入了宝山，自然不能空手而归！诸君以为呢？

第三节　无处不在的机遇

有句话说得好：机会留给有准备的人。我想再补充一句：当你准备充分了，机会是可以创造出来的。

外贸行业里，开发客户的方法并不仅仅只有展会、B2B 网站、搜索引擎，如果这样认为就太狭隘了，会自己给自己套上一个圈子，限制了很多其他开发途径。

当大家都在"红海"血拼的时候，是不是应该试着想想有没有可能另外开辟一块"蓝海"杀出重围呢？不要急着说不可能，也别说很难，没试过又怎么知道？办法是人想出来的，路是人走出来的，像鲁迅先生说过的"世上本没有路，走的人多了，也便成了路"。

找客户的方法其实很多，除了前面提到的，还有黄页、白页、行业协会、国外的贸促会、行业论坛、国内的海关资料、中国驻海外大使馆的经济商务参赞处、展会的采购商名录，以及潜在客户或现有客户网站里的其他客户链接等，都有可能成为自己的机会。

前面单独说了搜索引擎，这里就补充一下 B2B 网站的机会。

众所周知，B2B 网站在当前的采购份额里的确呈逐年增长趋势，特别是 Alibaba（阿里巴巴），俨然已成为行业老大。Alexa（一家专门发布网站世界排名的网站）查询到的 Alibaba 的流量远远超过其他竞争对手，占据绝对的领先地位。那么付费 B2B 模式究竟有没有必要呢？我觉得有，如果预算允许的话，是需要投入至少一个 B2B 网站的。

对于一个企业而言，销售是一个全方位的工作，所以电子商务应该属于其中的一部分。企业既要维护老客户，开发新客户，同样要注重日益增长的电子商务市场，才容易形成一个良性循环的局面。

那么，付费的 B2B 网站会比免费的好吗？答案是"Yes"，毕竟这些公司有高额的预算可以投入在广告和开发上，知名度和客户访问率必然会有大大提高。既然花了钱，就会有相应的服务和效果。付费的自然会超过免费的，否则谁会去花这个钱？

但免费的B2B也不是说一点用都没有，很多公司刚开始起步的时候，为了吸引人气，带动更多的卖家来注册，会放一些真实的买家求购信息。所以，努力挖掘，还是会有机会捕到鱼的。特别是预算有限的情况下，就需要努力去寻找机会，不放过任何一个成交的可能性。

如果是付费B2B网站，关键词的设置非常重要，要尽可能多样化，还要明白同一产品的不同叫法。比如你要买马克杯，你可能会在淘宝网上键入"马克杯"，也可能键入"杯子"，又或者"饮料杯"、"促销马克杯"、"礼品马克杯"、"马克杯套装"等，都是有可能的。每个人的使用习惯不同，必然会出现不同的关键词，而国与国、人与人之间都会有这种语言上的习惯差异。

把它放到出口行业，同样如此。我是采购商，要买手机，我可能会在Alibaba网站的搜索栏输入mobile phone（移动电话），也有可能会输入cell phone（手机）。如果你是卖家，有很多不同款的手机，但你只设置一种关键词，那抱歉，可能无形中就失去了一大批的询盘。因为关键词的设置不准确、不丰富或者不巧妙，很多客户找不到你，机会自然就丢了。所以，平时要多留心，看看客户是怎么称呼我们的产品的，不同市场是不是有不同的叫法。

在现有的贸易体系中，贸易壁垒已经没有那么森严，外贸行业的门槛越来越低，也就意味着更多的买家开始直接把眼光瞄向中国市场。但是，更多的中间商、进口商在现有业务的基础上，必然不愿意放弃手中的资源和客户，竞争就变得更加激烈。再加上国内太多的供应商和同行之间的良性竞争和恶性竞争，使得开发新客户变得困难。如果没有自身的特色和一定的技巧，开发新客户是非常艰难的。

说白了，销售就是为了推销，不仅推销自己的产品，也推销自己的专业、服务和附加值。再以淘宝网为例，我要买一箱德国产的牛奶，在淘宝网打入关键词，结果搜到一大堆，我会怎么做呢？肯定是大致比一下价格，高的不要，低得离谱的也不要，剩下几家联系一下看。那专业在哪里？就是当我询问的时候，能够第一时间回答我的问题，比如牛奶生产日期是几号，什么时候过期，开封以后几天要喝完，这种牛奶是否适合用来冲咖啡或奶茶等。哪个供应商能准确及时回答，就算专业了。然后是服务，谁能第一时间回复，用词有礼有节，能耐心解答问题，这就算服务不错。至于附加值，就看具体情况了。有些卖家可能会告诉我，他们在发货的时候，会免费寄两小盒德国另外一个品牌的牛奶供我试喝，或者承诺送货上门、货到付款，又或者会给我免费包邮，等等。诸如此类在正式产品以外的额外待遇，就可以称为附加值。

最后我可能会挑选其中一家，买几盒试试看，结果发现有一盒发错货了。我联系卖家，对方很认真，不仅认真进行了处理，而且发了新的给我，同时愿意承担退回的运费，甚至还给予额外的补偿。这样就很好，有良好的售后服务，让我感到很满意，结果我可能就会成为他们家的老客户。

如果衍生到整个出口流程，也是如此。买家的心态都是相似的，无非就是开发过程中所要注意的细节。专业、服务、附加值，任何情况下都是开发客户的不二法门。

机遇是无处不在的，有的时候，咖啡厅里一个坐在你旁边的外国人、展馆门口随便聊天的外商、逛商场时擦肩而过的陌生人，都有可能成为你的客户。只要自己的内心足够强大，开发并不是太大的问题，因为处处有商机、处处有贸易存在。不要受固有思维局限，觉得只有展会和B2B网站能开发客户，这个世界这么大，永远不会只有一条路。关键在于平时的总结和积累，要善于发现，善于思考，善于寻找新的东西。

只要注意这三点，不断下工夫，就算众里寻"她"千百度，蓦然回首，那人也会在灯火阑珊处等着你。

本章小结

开展外贸活动，在掌握基础贸易知识后，寻找客户是开发的第一步！如果没有客户或潜在客户，接下来的销售或谈判就无从说起。可以这么说，"开发"两个字贯彻整个外贸业务始终。不论经验有多丰富、工作年限有多久，只要从事销售这一行，就必须长年累月地通过各种渠道来开发新客户，获取新订单。

　　本章分析了日常工作中常用的几种方法，并分门别类地提出评论和见解。往往平日里一些被忽视的东西，却会成为成败的关键。

第二章
写好开发信助你拿订单

第一节　新手写开发信常犯的 10 个错误

很多 Sales（业务员）常常抱怨，开发信效果很差，一百封里面有几十封退信，剩下的就是石沉大海。难得有一个外国客户回一句"No, thanks"，就足以让你自己激动半天。

大家有没有想过这样的做法会严重挫伤工作的积极性？试想一下，当你一天坐在电脑面前 12 个小时，从 Google 和各种黄页搜索到客户信息，发出去一封封开发信，晚上满脸疲惫地回家。等第二天满怀希望上班的时候，邮箱里爆满各种各样的退信，你会是什么感受？

我以前也是做业务的，当年大学毕业后从业务助理、跟单做起，后来做 Sales 和 Sales Manager（业务经理），Senior Assistant to director（董事长助理），一直到现在做 Buyer（采购员），中间换了几份工作，也遇到过大多数朋友所遇到的各种问题。曾经没日没夜地发推销信，找新客户，无休止地报价，但效果甚微。后来跟很多不同国家的客户熟识了以后，私底下聊起才发现，当初的开发信写得有问题。很多客户本身也是做 Sales 的，也会写开发信，为什么成交率比我们高很多？即使不说成交率，回复率也大大高过我们。

所以，开发信在外贸领域里，应该是一个很重要的课题。

许多从事外贸行业的朋友都是学国贸专业的，一般都学过外贸函电这门课，老师们反复教你们怎么写商务信函，怎么回询盘等，其实这些教材几乎都是学院派人士所编的，内容不是过时，就是和现实有很大程度的脱节。很多老师一辈子只待在学校里，没有直接做过外贸，给外国人写 E-mail 的机会更加屈指可数，因此，"学院派"函电有时在实践中效果一般。真正好的邮件，必须模仿外国人，尤其是那些以英语为母语的客户的行文方式。即使你的邮件写得四平八稳，语法精练，整篇下来没有任何错误，在大学里可以拿满分作文，可客户收到以后，还是怎么看怎么别扭，这种情况很多。我建议给客户写邮件的时候，最好忘记中国人的行文习惯和思维方式，按欧美人的习惯去思考问题，这样才能让客户满意。

到哪一天，你随便写一封邮件，当大多数人都看不出这封邮件出自一个中国人之手，你就出师了！

我先列举一些大多数朋友写 E-mail 时常犯的错误，大家可以对比一下自己的问题，接下来再讨论怎么写开发信。

错误1：邮件写得过长

客户的时间很宝贵，每天要收到几十甚至数百封邮件，的确很忙。换位思考一下，一个陌生人发了一封长篇大论的邮件给你，英语表述又不好，读起来云里雾里，还加了好几兆的附件，你会不会认真去看？而且大多数外国人的时间观念很强，每天只用固定的时间来处理电子邮件，很多长篇大论的邮件，只要不是熟人发的，一般会直接删除，或者是将邮箱地址设为垃圾邮件。

我问过很多西欧客户，他们处理一封邮件的时间一般是 2~3 秒，也就是大致扫一眼。重要的邮件，马上仔细阅读并回复，或者标上记号，找别的时间再回复。不是太重要的，会在 Outlook（Microsoft office 套装软件的组件之一）里标注上要处理的具体时间，然后从 Inbox（收件箱）拉到相应的子目录里。换句话说，只要客户的邮箱地址是对的，也是你要找的 right person（正确的人），你的开发信只能停留在他眼前 2~3 秒，这就是决定命运的时刻。这种情况下，试问你敢不敢把邮件写得很长？

错误2：没有明确的主题

一个不明确的主题，会让客户根本没兴趣去打开陌生人的邮件。内容言简意赅，才能直接吸引客户通过主题去点开邮件，这样目的就达到了。至于他看了以后有没有反应,则要看实际情况和你内容的功力。有些人写邮件会这样设置主题:"we are the manufacturer of lights"、"need cooperation"、"Guangdong ××× trading Co., Ltd",或者"price list for lights – Guangdong ××× trading company Ltd",等等,一看就知道是推销信。当你一个礼拜只收到一封推销信,你可能会有兴趣看看,但是如果你一天收到无数封推销信,估计就会很厌烦,甚至直接删掉。所以,如何写好主题,让客户明知道这是封推销信还是忍不住打开看看,需要根据实际情况来判断。

举个例子,假设我的公司是做太阳能灯具的 DEF Co., Ltd.。目前公司最大的客户是美国的 Home Depot(家得宝公司),尽管可能是通过贸易商做的,不是直接合作,但是完全可以将其当做一个开发新客户的筹码!如果我要写一封开发信给美国的 ABC Inc.(这个名字是我编的,如有雷同,纯属巧合),我从 Google 上了解了一些这个公司的信息,知道他们是美国的进口商,在做太阳能灯具系列,希望能与其合作。我一般会这样写主题:"Re: ABC Inc./Home Depot vendor–solar light/DEF Co., Ltd."。

其中,ABC Inc. 代表了客户的公司名,你在写给他的主题上首先加上他的公司名,表示对他们公司的尊重;Home Depot vendor–solar light 明确表示你是北美第二大零售商 Home Depot 的太阳能灯具供应商,既表明了实力,也引起他的兴趣;最后的 DEF Co., Ltd. 代表自己公司。这样一来,假设你找对了人,这个正是 ABC 公司太阳能灯具的 Buyer(买手),又或者是他们某一个主管,突然收到这么一个主题的邮件,Home Depot 的供应商找上门了,他就会想应该看看是否有合作机会,是否比原有供应商更好?Home Depot 今年在采购哪几款灯具?那么,他打开邮件的概率就会非常大!

除此之外,这个主题的设置还有一个好处,就是即使客户暂时不回你邮件,只是放在收件箱里,但是将来某一天他突然想让你报价,很容易就能找到这封邮件!只要关键词输入 Home Depot,很快便能找到。很多经验丰富的老业务员会发现,主题远远比其他东西重要,有的时候甚至比邮件正文和报价单都重要。

错误3：长篇大论的公司或工厂介绍

我现在做Buyer（买手），也会收到工厂和贸易公司的开发信。贸易公司业务员写的开发信还稍微好一些，很多工厂业务员的开发信写得实在不好，简直可以说是惨不忍睹。他们偏偏喜欢把开发信写得很长，既浪费客户的时间，也浪费自己的时间。我经常会收到这样的邮件：我们是某某照明灯具厂，地处美丽的长江三角洲东南，交通便利，风景优美，离上海和杭州仅仅2小时车程。我们公司成立于2002年，具有丰富的太阳能灯具生产和开发经验，享誉全球。我们工厂获得ISO9001：2000质量体系认证，严格按照5S管理，真诚欢迎您来我厂参观拜访，希望和您建立长久的业务关系。我们以真诚和服务赢得客户……诸如此类的话，客户会看得很不耐烦。即使你是一个很好的公司或很好的工厂，对方第一次就收到这样一封邮件，任谁都会感到厌烦，有几个人会很认真地阅读每一句话？

有朋友会反问，那是不是完全不写呢？我的回答是，也不一定，要看具体情况。如果你的公司有突出的优势，可以写，但是最好一笔带过。可以这样写：We supply solar lights for Home Depot with high quality and competitive price. Hope to cooperate with you！

简洁明了，一两句话点明重点，吊起对方的胃口，让他反过来问你各种问题，你的目的就达到了。做业务久了你就会发现，很少有客户每封邮件长篇大论，即使有，也是极少数的特例，或者是要确认一些细节之类的。美国和其他以英语为母语的国家，人们写邮件一般都很简洁，几句话表达清楚就可以了。

错误4：爱炫耀英文水平

我以前有个助理，刚从大学毕业，英语八级。我要她给客户写E-mail，她总是喜欢把文字写得很出彩，各种语法和从句层出不穷，还喜欢用冷僻词，因此，她的E-mail让人理解起来很费时间。如果是以英语为母语的客户或者德国、北欧这些通行英语的国家的客户阅读起来还好，但如果是韩国人、日本人、中东人、法国人，那就比较麻烦了，他们看一封邮件还得用上字典或翻译工具，结果还是半懂不懂，你说客户能对你有好印象？

毕竟这是做生意，不是英语考试。考试是为了得高分，让考官觉得你英语表达能力很强，词汇量很大，所以要把能用的句型都用上，把可以突出自己水平的词汇都用进去。<u>但是写商务邮件正好相反，越简洁越好，越简洁越能体现一个外贸业务员的水平。</u>

真正的高手，要把最复杂的东西用最简洁的文字表达出来。全部用最简单的句子，最简单的词汇，使小学生都能看懂。

其实把简单的东西复杂化很容易，把复杂的东西简单化却很难，需要多学多练多模仿客户的邮件，用最简洁的词汇来表达要表达的意思。外贸函电的精髓就是"简洁、简洁、再简洁"，能用一个词表达的绝对不用两个词或短语，能用一句话写清楚的绝对不写两句。谁能用最少的句子表达同样的意思，那就是最厉害的！

举个例子，我以前招聘助理时，会考查他们的 E-mail 水平。我把中文意思告诉他们，然后让他们用英文来模拟一封邮件。内容很简单，写一封邮件告诉客户 Mike，上次收到的样品已经寄给工厂，但工厂说材料不是 ABS，而是 PP，他们需要重新核算价格。由于近期原材料涨价，希望 Mike 能尽快确认，以便我们采购原材料并安排生产。

第一个应聘者是这样写的：

Dear Mike,

This is Jenny from EDF Co., Ltd.. We're so pleased to receive your samples. I already sent them to our factory last week, and was informed the real material is PP, not ABS as you mentioned last time. What's the matter?

I'll give you reply as soon as we get the offer from the factory. It will take several days. Please be more patient. But they also told me, the cost of raw material increased these days. Could you please confirm the price quickly after you get it? We'll purchase the raw material and do the production immediately! Looking forward to your reply. Thank you!

Best regards,
Jenny

  这封邮件写得好吗？老实说还可以。虽然主动语态和人称多了点，但是内容都点到了，表达也算通顺，用的词汇也都是挺简单，不难理解。但是不是有点啰唆？如果能简洁一点是不是更好？

  我们再来看看第二位应聘者写的 E-mail：

Dear Mike,

How are you?

We received all your samples. The factory checked the details, and found the material was PP, not ABS as you told.

Please give them some more time to re-check the price, because the material is different from the past orders. However, the price of material was increased very quickly! Therefore, please kindly place the order soon if the price is ok for you! We'll do production asap.

Thank you in advance!

Kind regards,
Tommy Xia

  我个人觉得这一封比上一封好一点，毕竟主动和被动语态结合，"We"只出现了一次，不算太枯燥。内容也稍微简单了一点，点到位了。最重要的是，他把"purchase the raw material"去掉了，直接用"We'll do the production asap"。这样更简洁，但我个人感觉还是啰唆了一点。

  我会这样写：

Hi Mike,

Samples were received and already passed to vendor. The material was PP, not ABS. Offer sheet is being prepared and will be sent to you soon.

By the way, the cost of raw material increased these days. Please make a decision quickly to go ahead after price confirmed. We'll arrange the mass production asap.

Thanks and best regards,
C

几句话点明主题，表达清楚就可以。能用一句话表达的，千万别写两句，省掉一切废话。写完以后再读一遍，看哪句话可以删掉，哪句话可以换一种表达方式，少用第一人称，多用被动语态。等到你重新检查的时候，发现已经简洁得不能再简洁，没词需要删，句型也几乎没有重复的，就可以发送了。

外贸函电的第一课就是3C原则，因此只要做到"简洁"、"清楚"、"准确"，就是一封好的E-mail。

错误5：喜欢用奇奇怪怪的字体

很多人为了追求醒目，总喜欢用很夸张的字体、颜色，甚至放大、加粗，再用斜体等，这让人一眼看上去很不舒服。经常给外国人写邮件的人会发现，客户很少会用奇怪的字体、粗体或者全部大写体来写邮件。除了少数的尼日利亚客户、印度客户，还有部分其他非洲客户以外，我还真没遇到过其他国家的客户这样写过。欧美客户一般比较常用的字体就是以下几种：Arial、Verdana、Calibri、Times New Roman，也有一些用 Tahoma 字体的，但相对少一点。一部分中国香港地区、台湾地区和新加坡客户会用 PMingLiU 字体。至于颜色，一般都是黑色或者深蓝色，也有少部分客户喜欢用棕色。我们要注意的是，千万别在一封邮件里出现多种奇奇怪怪的颜色，像彩虹一样，这让人感到不舒服。

一般情况下，客户在邮件里特别加粗，或者大写，或者用红色及其他颜色标注的，肯定是特别强调的东西，以引起读邮件者的注意。比如有位客户的邮件如下：

Dear C,

Please help me send the samples to my HK office BEFORE THIS WEEKEND.

Thanks.

Rio

这就很明显了，BEFORE THIS WEEKEND 用大写的目的是为了提醒并强调必须在周末前寄出！可能这封邮件很简洁，你不太容易忽视，但是如果是一封很长的邮件，在详细确认各种产品规格的时候突然加了一句要你周末前寄样品，则是很容易被忽视的。

错误6：主动语态用得太多

英文信函中，如果你仔细琢磨外国人的行文方式，会发现他们的文章很少有全文上下都充满 We、I 等人称的情况。相反的，被动语态会更多一点。比如：我们明天会寄你样品。中国人喜欢说"We'll send you the samples tomorrow"，这句话没错，语法正确，意思清楚，但是外国人就不太喜欢这样说。他们通常会这样写"Samples will be sent to you tomorrow"，用的是被动语态，人称就没有了。

其实，对于主动和被动语态，很多专业人士是有争论的。有人说主动语态好，给人感觉自然；也有人说被动语态好，比较像商务人士的口吻。我个人感觉，无所谓好与坏，只要句型多变，给人感觉舒服就可以。但是主动语态会带有一些主观的色彩，被动语态虽然冰冷一点，但给人的感觉相对比较客观。

所以，真正运用时最好还是根据语境来选择合适的句型。

错误7：经常会问一些毫无意义的话

比如"Do you want our products",这句话被我列为最傻疑问句排行榜第一名。如果客户说"No",你怎么回复?那就没下文了,难道你还回一句"为什么不要啊?"那就太搞笑了。

你是去推销的,希望客户对你的产品感兴趣,也要引起客户的兴趣。但是这句话就大煞风景,等于一下子就把客户逼到了绝路上,一定要说"是"或者"否",谈判很容易就会终止。

还有诸如"Do you interested in our products""How is your business recently""Would you like to cooperate with us",这些都是毫无意义的话。至少在你们没有建立起业务关系时,这些话都是没什么必要的。

开发信还是要直接一点,告诉客户你是谁,你做什么,你的优势在哪里。只要清楚地表述出这三点,就完全足够了,其他可以放在以后慢慢谈。

 错误8：喜欢用附件和图片

并不是附件和图片不好,而是第一次发开发信的时候如果有附件或者插入了图片,很容易被国外的服务器拦截。很多人喜欢第一次联系客户的时候就使用报价单,打包很多产品图片,或者发电子样本给客户,这样做成功率并不会太高。这些邮件往往不是被默认为垃圾邮件,就是直接被客户删除。只有一种情况除外,那就是当你收到一个新客户的询价时,回复的时候可以插入报价单或者图片。

第一次联系客户的时候最好使用全文本,不要出现任何图片和附件。即使收到客户询价后第一次报价,如果不是客户指定,尽量避免用Excel或Word格式的附件,最好直接在邮件里写明。我一般会这样写：

Item：Solar lantern with soft handle
Model No.：HBC-294847/ KT

Description：…（把详细的规格写清楚）

Package：color box

MOQ：1 000pcs

Pcs/ctn：20pcs/ctn

Ctn size：50cm×40cm×60cm

GW/NW：20kg/18kg

Q'ty/20'：…pcs；Q'ty/40'：…pcs

Loading port：Shenzhen

Payment terms：T/T，L/C，D/P，etc.

Valid time：60 days

FOB Shenzhen：USD2.39/pc

CIF Valencia：USD2.45/pc

以上是我随便写的，只是想说明一点，报价单少用，尽量用文字描述清楚，然后在附件里添加一张500K以下的清晰图片就可以。这样做的好处是避免那些懒惰的客户不去点开附件中的Word或Excel格式的报价单，同时，防止客户把报价单随便转给别人套价格。如果客户要求报很多款产品的价格，这样没法在邮件里全部写清楚，就只能用Word或Excel做报价单，但是最好在完成时用Adobe Acrobat生成PDF格式，这样就不容易被篡改。你辛辛苦苦花费很长时间做个完整的报价单，客户只要删掉其中price这栏，就可以把它转给其他供应商去报价。

错误9：喜欢插入各种链接

很多朋友在写开发信的时候，总是会在内容里加上自己公司的网址，或者在签名的下面加上链接。这样做同样有很大的概率被服务器拦截，最好等客户回复后再次给他写邮件时插入，这样就没问题了。

另外，不只是网址类的，很多图片指向某些网站的链接也很有可能被屏蔽和拒绝。辛辛苦苦地研究对方信息后，认真写好开发信，对方却没看到，这不是很可惜？好比对牛弹琴，或给瞎子抛媚眼，都是徒劳。

错误10：语气过于生硬

其实，邮件本身是比较死板的，在电脑前面阅读那些冰冷的文字和面对面的交谈或者电话沟通是完全不一样的。看一句话：Please give me reply today. 如果面对面讲，客户不会觉得有什么问题，会很高兴说OK，或者No problem。如果电话里说，也不会有大问题，但如果放在邮件里，是不是略微生硬了一些呢？如果改成"Could you please help to give me reply today?"用的是疑问句，加上 could、help 这样的字眼显得十分委婉，很礼貌而且很温和，但是又明确表达了你希望今天得到答复的准确意愿，这样不是更好吗？

Please, help, kindly, could, thank you, appreciate 这样的词语在邮件来往中使用很普遍。除非你和客户非常熟悉，否则还是不要忘记使用。

以上是我认为新手最容易犯的10个错误，当然也不排除一些老业务员依然存在一两个甚至多个问题。朋友们可以自己对照一下，看这10个错误中，有哪些是自己会经常犯的，或者是没有意识到的。如果某个朋友看了后发现自己一个问题都没有，那恭喜您了，这篇文章不适合您，可以直接跳过这一章，您已经是这方面的行家或专业人士了。

坦白地说，我以前的 E-mail 写得并不好，后来有个比较热心的美国客户指点过我，然后我开始有意识地去模仿他们的行文方式和遣词造句。尽管还是有这样那样的缺点，但比一开始已经好很多了。不怕大家笑话，我把我刚工作的时候写的开发信给大家看看：

Dear Katherine,

This is C from DEF Co., Ltd. in Shenzhen. Very glad to write to you here! It's my pleasure to be on service of you if possible!

Firstly, let me introduce my company in short. We're…（长篇大论的公司

介绍，写了整整两大段，这里省略）

Our products are very popular in both global market and domestic market. Welcome to visit our company if you have time! We'll arrange the car to pick you up from the airport. It's convenient to our company, just 50 kilometers! Our goal is…（这边是写公司的宗旨，什么质量第一，服务优良之类的，总之都是些废话，客户基本不会看。）

Enclosed our price quotation sheet for your reference. Please check and find if some items meet your interest. If so, I'll be happy to send you samples for e-valuation! We sincerely hope to establish business relationship with your esteemed company! And I also hope to be your friend in private!

If any questions, please contact me freely! Thank you!

Looking forward to your early reply!

Yours sincerely,
C

DEF Co., Ltd.

*** Road, *** city, *** province, China

Tel：***

Fax：***

Email：***

Website：***

　　够震撼吧？我现在自己看看都想笑。这就是典型的"学院派"外贸函电，实际应用中实在惨不忍睹。"学院派"教材经常教你在E-mail的左上角写上公司名、公司地址和日期，现在早已没有老外这样写了，只有以前用纸质信函时经常使用。

　　接下来与大家分享一封老外写的E-mail开发信：

Hey guy,

XYZ trading here, exporting LANTERNS with good quality and low price in US.

Call me, let's talk details.

Rgds,
Rick
Cell phone：***

这是一个巴西贸易公司的业务员写给陌生的美国公司的开发信。别人也是做外贸的，怎么写的就和我们不一样呢？有些人会说"哎呀，老外比较懒惰'"。Ok，我们暂且假定这个说法成立，那么，你明知道他很"懒"，你还长篇大论，你觉得这么"懒"的人会花时间仔细读你的开发信么？其实反过来看，他们的表述往往言简意赅，只说最重要的话，一句废话都没有。因为在欧美文化里，时间很宝贵，不能耽误自己的时间，也不要耽误别人的时间。随便浪费别人的时间，是很不礼貌的。所以他们会经常把thank you、excuse me、sorry to trouble you这类的话放在嘴边，原因就是如此。

第二节 "美容"后的开发信

开发信很重要，但是也要适合客户阅读。很多朋友喜欢长篇大论，那么，你的邮件很可能被扔到垃圾箱里。客户能不能看下去，有没有兴趣看下去，才是我们需要关心的。

写开发信的时候，每个人心中的目的是一样的，都是希望能够唤起客户的需求。如果能收到回复甚至下单，那是最理想的。但现实情况是，每天有那么多外贸同行在发开发信，很多外国客户每天都会收到无数封类似的邮件,甚至会烦不胜烦。要夺人眼球,引起客户的兴趣,那就更需要大家在开发信上下工夫了。

经常看香港电影和美国大片的朋友们会发现,其实很多片子并没有太多的内涵,也没有很多能引人思考的东西,但是他们的共同点就在于镜头很能夺人眼球,能吸引观众的注意力,这就是商业电影的特质。

写邮件也是一样,尽管你的东西很好,但是不能引起别人的注意,那还是徒劳。

就像你某天去买 MP3,你首先想到的恐怕也就是 iriver(艾利和)、ipod [APPLE(苹果)推出的一种大容量 MP3 播放器]、SAMSUNG(三星)、SONY(索尼)这几个大品牌。因为你不了解其他的牌子,所以不确定产品究竟好不好,这样一来,品牌就起了决定因素。

给客户写开发信也一样,如果你是 SONY 的供应商,突出这一点就是一个很大的优势。只要客户是采购同类产品的,你又找对了联系人,客户很容易会对你们公司产生兴趣。

当然,我并不是说,非要和大买家合作才是优势,其他优势自然也是可以的。归根结底一句话,开发信要简洁有力,突出自身优势所在就可以了。

还需要补充一点,就是开发信尽量不要太长,字数控制在 60 个单词以内为佳。当然,这个标准也不是绝对的,要根据具体的行业和产品来做相应的调整。总之,自己多研究客户的邮件,平时多摸索和改进,肯定会越来越好。

以下几个案例是我帮一些朋友修改的邮件,每封邮件后面都有点评,以供大家参考:

案例 1:

Dear sirs,

From the internet, we got your company name. What I want is just to see that if we have the chance to cooperate in the near future or not.

We are a factory of fiberglass in China and our main product is chopped strand mat (CSM) and stitch chopped strand mat and etc.

We have been in the field for many years. I can give you the CSM in very competitive price and higher quality. If you need more information, please go to our website: www.＊＊＊.com.

I wonder if you need this product; if you are interested in our products, please kindly return this E-mail.

Maybe now you have regular business partner. If so, please leave my message in your E-mail box, maybe someday it will be useful.
If you need the price to compare with your partner gave, welcome!
Yours sincerely,
Jack

点评:

1）篇幅太长，很难扫一眼就看明白，至少要花10多秒钟时间来看。一般客户看邮件通常是3秒就决定邮件的命运，因此，可以把它删减一下，突出重点便可以。

2）From the internet, we got your company name. 这句不好，给客户推销味道浓厚。其实，如果你没收到客户主动询盘，开发信最好写得"含糊"一点，不要说"我从哪里得到你的信息"，这点和外贸函电课本上是完全相反的！请大家千万要注意！很多客户对推销信很反感，因为他每天都会收到各种骚扰信息，实在不胜其烦。最好一开始给客户一种模棱两可的感觉，使他记不得究竟是以前向你询过价还是在展会上见过你。因此，与"From the internet, we got your company name"类似的话千万不要说，说了反而会有反效果。可以这样写：We're glad to hear that you're in the market for...

这样是不是好很多呢？客户会想，我是不是在B2B网站上向他询过价？还是今年或去年在某次展会上见过他？只要你切中要害，他回复了你，那目的就达到了！等你们来来回回联系了很多次，即使他知道你最初仅仅是从网上搜到他的联系方式,也不会那么防备和介意。

3)公司介绍太多,客户不会有太大兴趣去看,最好一笔带过。只有等他对你的产品、质量、价格各方面都有兴趣,才会了解你们是什么样的公司、什么规模等。

4)多余的话可以删掉。比如"我知道你有老供应商,但请你保留我的邮件,也许你有一天用得上……"这类话可删掉。即使写了,对方想删掉,你也无法控制。最好的办法就是什么都不写,但是让他有那么一刻的犹豫:是不是先存一下这封邮件?这就是你字里行间需要把握的关键!

5) If you need the price to compare with your partner gave, welcome! 是全文表达最差的一句。我知道你想表达的意思是:我这边价格很好,非常欢迎您和其他供应商比较价格。你想告诉客户的是你的价格很有优势,不怕比较。但客户理解起来恐怕就完全是另外一种意思了。

这是中国文化和西方文化之间的差异,西方人看来,这句话有恶意贬低他人的嫌疑。而且一分钱一分货的道理他们是知道的。专业的客户和大买家都不会在一开始随便谈论价格,聪明的 sales 也不会在一开始谈论价格。只有当你把所有问题都搞清楚后再谈价格,成交率才会大大提高。如果有朋友读过 Roger Dawson(罗杰·道森,美国畅销书作家)写的 Secrets of Power Negotiating(《绝对成交》),就知道怎样跟客户谈价格了,这是题外话。

如果你这个客户恰巧做的是中高端市场,看到这句话他就会觉得你卖的东西是 cheap item(便宜货),不是他的 style(风格),那就画蛇添足了。更何况这句话有些别扭,让人读上去的第一感觉不太舒服。要突出自己的价格优势没错,但最好不要这么直接,旁敲侧击地让他明白,效果反而更好。

下面是"美容"后的开发信:

Hi Sir,

Glad to hear that you're in the market for fiberglass. We specialize in this field for several years, with the strength of chopped strand mat and stitch chopped strand mat, with good quality and pretty competitive price.

Should you have any questions, pls do not hesitate to contact me. FREE SAMPLES will be sent for your evaluation！

Tks & br,

Jack

*** company（这里留下公司名、电话、传真、邮箱就可以了，正文就可以写得很简单。）

Tel：***

Fax：***

Mail：***

Website：***（请记住，如果你非要在里面加上网页链接，请放在签名里，不要放在正文。否则，会让人感觉推销味道浓厚，不太好。）

  一开始开门见山指出：很高兴获悉您对某某产品感兴趣，我们专业生产这类产品多年，优势在于什么地方，质量好，价格相当有竞争力。这样就已经把要表达的意思表达出来了。

  第二段就是两句话：有问题随时联系我，免费样品随时会寄来供您测试！既表达了你想要合作的愿望，又表示了自己的诚意：只要您有需要，我们随时为您服务。这样写给人感觉不卑不亢。大家是平等的关系，本来就是相互合作，找机会争取双赢。这样反而会让客户比较赞赏。

  不是说价格低就能赢得订单，客户给你订单是出于综合性的考量，价格是重要的一方面，但不是全部。当然，少数只看价格的客户除外。

 案例2：

Dear Alex,

How are you ? I hope everything goes well with you.

My name is Sandy who have your name card at the 2010 Hong Kong Electronic Fair. We have availed ourselves of this opportunity to write you in the hope of establishing business relationship with you.

Our company is a factory which specialized in Parking Sensor System from China. We operate in accordance with ISO9001: 2000 standards, which No. is 01 100056417 issued by TUV Germany, and our products (LED, VFD, LCD, TFT series and License frame series) are CE, FCC, FCCID approved.

I remember that you were interested in our Fun Mini DVR at the 2010 Hong Kong Electronic Fair. Please feel free to contact me if you want to know more about it, and I will be so pleasured to send the details to you.

Attach some pictures of DVR as follows.

Also you can get more imformation from our website: www.***.cn

Your early reply will be our highly appreciated.

Best regards,
Sandy
Sales assistant

点评：

Sandy 的情况和其他朋友又不一样。她在展会上拿到过客户的名片，而且客户曾经对某一款产品感兴趣，那简直是一个相当好的机会！只要她把握住了，成交可能性是很大的！在这种情况下，就特别要标注出客户在展会上选中的东西，而且要主动提供详细资料和报价，这一点至关重要！

客户很忙，他可能在展会上去过很多同行那里询同一款产品的报价，他会收到很多邮件，恐怕根本没空回复或主动联系你，所以一定要主动出击。提供完整的资料和合理的价格，然后跟进，赢得他的信任！

如果像上面这封邮件一样问他是不是有兴趣,有兴趣会给他详细资料等,客户会觉得很烦,实在没空回答,甚至连兴趣也没有了。做业务要学会主动,客户一个眼色,就要马上会意并完成三四个动作。客户询问价格,就连详细参数尺寸包装材料都一并提供。客户要看说明书,就把设计稿和文字都完整无误地给他参考。客户需要彩盒,不止给他图片,还有准确尺寸的刀模图和设计稿,连其他客户的彩盒也一并给他做参考。如果做到这种程度,是不是会给客户留下很好的印象?

下面是我试着修改的开发信:

Hi Alex,

How are you doing? Glad to get your name card from HK Electronic Fair.

This is Sandy from ***. We specialized in parking sensor system, and all our products with CE/FCC/FCCID approved!
Regarding the FUN MINI DVR your selected on the fair, pls find the details with best offer in attachment.

Hope to get good news from you! Thanks.

Best regards,
Sandy
Sales assistant

案例3:

RE: Wheel balancer and Tyre changer

Dear Purchasing Manager:

Good morning my friend.

Thanks for your time to read my E-mail.

Glad to know you are in market of Wheel balancer and Tyre changer.

We are a manufacture of Wheel balancer and Tyre changer. Would you mind visiting our website：www. ＊＊＊. com.

Wish our products will be helpful for your business.

Any questions, welcome here.

Best Regards,
Karen
Yours faithfully

点评：

这封邮件的重复性太强。不知道 RE：Wheel balancer and Tyre changer 是主题呢，还是写在正文里的？类似的话在邮件里总共出现了三次，写的人不烦，看的人都烦了！根据英语写作的惯例，同样的名词、形容词、副词、词组、句型等，一般在同一篇文章里只能出现一次，绝对不能出现两次，除非万不得已。就像四六级考试，你如果作文想拿满分，或者是只扣 1~2 分，那就必须做到这一点，不重复！遣词和造句必须多样化。

写邮件也是一样，同样的话重复多次是很不正常的，外国人会觉得别扭。如果仔细研究过各种客户的邮件，特别是以英语为母语的美国、英国、澳大利亚、加拿大等国客户的邮件，会发现他们很少有通篇只用一两种句型的情况，形容词也会经常变化，同一个词一般不会用两遍，除非是在特别强调的情况下。

通篇都是"We'll…""We're…"这样的句型只有我们才会写，外商是不会这样写的。必须纠正过来！要用客户的思维去写邮件。同样一句话：我们会尽快寄给你样品，很多人会写"We'll send you the samples asap"。语法正确，时态和用词也没什么问题，但是更好的写法应该是 Samples will be sent to you asap.

又比如 product（产品）这个词，一旦邮件里已经提到"我们的产品"时用 our products，如果后面还需要表达"产品"这个词，就尽量别再用 product 了，用 item、model，或者 the ones 等来代替，总之用词不能重复。

中国人还有个习惯，邮件里喜欢用 very（非常）这个词来表示程度。东西很好是 very good，价格很便宜是 very cheap，表示很高兴收到邮件是 very glad to receive your mail，等等。同样，very 这个程度副词也最好只在邮件里出现一次，需要再次表达"非常"这个意思时可以用 pretty，extremely，highly，by far 等，尽量做到表达多样化，意思准确，语言不枯燥。

下面是我个人修改好的邮件：

Dear Purchasing Manager,

Glad to hear that you are in the market for Wheel balancer and Tyre changer.

We are the manufacturer of the items above. Pls visit our website to know more about us: www.***.com.

Kindly contact me if any questions. It is our pleasure to be on service of you!

Thanks and best regards,
Karen

Sales representative
*** Co., Ltd.
Add：***，***，***，P. R. China
Tel：***
Fax：***
Mail：***
Web：***

good morning 略去，因为跟客户还不熟悉。Thanks for your time to read my mail 略去，因为对方看不看你现在也不知道，如果没看，直接删除，你就白 thanks（感谢）了。如果他看了，并回复了，你再 thanks

也不迟。另外，格式需要规划一下，并空行，段落和段落之间必须条理清楚。比如第二段一般总要比第一段和第三段内容多，否则会显得头重脚轻，或者是看起来整体不协调。

仔细分析一下我修改后的邮件，没有一个重复句型，而且都是短句，不啰唆。段落和段落之间条理清楚，第一段和第三段少于第二段文字，整体协调。并且补充了签名，使内容更加完整。

案例4：

Dear Sir/Madam,

I'm glad to know you,

This is Tracy Lee from *** furniture hardware factory in China.
We are the producer of high quality office furniture, modern classical furniture, metal furniture, eames series furniture, furniture hardware and so on.

I attached our e-catalog for your reference, any demands please kindly contact with us. Thanks.

Best regards,

***

点评：

1）开头Dear Sir/Madam，最好不要这样写，如果知道客户的名字，最好直接写上，这样会给他一种被尊重的感觉。即便实在不知道名字，能确定对方的性别，最好就明确写Dear sir或Dear madam。如果连对方的性别也不确定，那就写Dear Sir or Madam，最好不要出现"／"这个符号，容易让客户觉得这是一封群发的模板邮件。

2）I'm glad to know you。这句话是有问题的，我知道你想表达的意思，但是这句是典型的Chinglish（中国式英文），是根据中文的字面意思翻译的。并非表达有误，只能说表达得不地道！我相信你肯定不会从欧美客户的邮件里发现它的。如果你见过这个客户，可以说 Glad to see you in Shenzhen，Glad to meet you in Canton Fair，Thank you for visiting our company 等，或者干脆用 Glad to write to you，尽量用欧美人的寒暄方式，不要将中国式问候翻成英文，那样会很别扭、很生硬。

3）This is Tracy Lee from ∗∗∗ factory in china. 这句话没错，但是为了突出工厂，最好将∗∗∗ factory 写成∗∗∗ Furniture Hardware Factory.

4）We are the producer of high quality office furniture, modern classical furniture, metal furniture, eames series furniture, furniture hardware and so on. 这句话是不是有点长？如果要写长句，最好用从句，结构上会比较分明，看上去更舒服。另外 producer（生产者）这个词我个人觉得其视觉冲击力没有 manufacturer（制造商）强。当然这只是我的个人看法。

5）"I attached our e-catalog for your reference"：首先，这是一整句话，末尾要用句号，不是分号。其次是邮件里第一人称过多，先是"I"，再是"We"，现在又是"I"开头的句子，句型太单调，会让看的人觉得很无聊。如果换成 Attached our e-catalogue for your reference 或者 Enclosed our e-catalogue for your review 是不是会稍微好一点？

6）Any demands please kindly contact with us. 一开始就谈"需求"是不是太直接了？如果换成 Any questions, pls do not hesitate to contact us 会不会更加委婉一些？

根据以上分析，我重新写一下，看看是不是比原文有一点进步：

Dear Sir or Madam,

Glad to write to you! This is Tracy Lee from ∗∗∗ Furniture Hardware Factory in China.

We're the MANUFACTURER of high quality furniture with competitive price! Such as office furniture, modern classic furniture, metal furniture, hardware, etc.

49

Attached our e-catalogue for your reference! Quotation sheet will be provided at once if needed.

Any questions, pls do not hesitate to contact me. Thank you!

Best regards,
Tracy Lee

所以，在任何情况下，写邮件都要"三思而后行"。每次写完后，都要重新通读一下，研究研究，看看哪些语句不通顺，或者哪些词用得不太恰当，有没有更加委婉的用法，能不能进一步"瘦身减肥"等。

检查后如果找不出问题，也没法继续浓缩，那就试着换位思考。把自己当成客户，模拟一下场景。设想如果自己收到这样一封邮件，有没有兴趣点开，有没有兴趣看下去。要尽量抓住客户眼球，简洁明了，一目了然，使对方看一眼就大致知道你在说什么，这样就成功了。

永远记住，邮件是写给客户看的，而不是给自己看的，要从客户的角度来思考问题，哪些东西需要写，哪些废话可以省，这都是需要斟酌的。不是说开发信越多就越好，数量不重要，质量才重要。要让客户有兴趣点开，要让客户打开时眼睛能多停留两秒，要让客户按delete（删除）时有那么一丝犹豫，要让客户考虑先保存这封邮件，要让客户考虑是不是应该回复一下，这才是最终目的。

既然有了目标，那就不要嫌麻烦。多看、多练、多研究外国人的行文方式和语言习惯，对自己写作水平的提高是非常有益的！

第三节　如何抓住客户的心

我们常常会说，邮件发出去没有回复，开发信的效果不好等，可有谁曾想过是什么原因导致的？很多人觉得自己的英文不错，科班出身；很多人觉得自己很专业，客户也是潜在客户；很多人觉得公司实力很强，应该会引起客户的兴趣；很多人觉得自己的产品和价格都有优势，能成功开发新客户。

可是结果呢？并没有想象的那么美好。因为我们不是客户，我们只知道自己在想什么、在做什么，却不知道对方在想什么。就好比你的产品很好，对方却不知道；你的产品价格很低，对方却不在意；你的公司实力很强，对方却没兴趣。各种可能性都是存在的。

所以，我们在换位思考的同时，也要经常和客户沟通，让他们以买手的眼光，从一个以英语为母语的人的角度来看看你的开发信究竟水平如何，有哪些问题需要注意。

曾经有一个从展会上认识的德国客户，常来常往，时间长了，后来大家也成了朋友。有一次我写邮件问他开发信究竟应该怎么写（因为我感觉自己的开发邮件效果不是很好），他当天就回复了：

Dear C,

As you mentioned last time, how to write a right E-mail, pls find my reply as follows：

1）short

2）short

3）short again

4）delete all extra words

5）make everything clear

6）that's ok, order comes, ah~

Have a nice day!

Nick

大家看，Nick的邮件简洁明了，随便一眼扫过去，清楚明了，马上知道对方在讲些什么。不仅用短句，连内容、单词都是最简单的，很容易看明白。就算再没耐性的人，随便瞄一眼都大致理解了，对吗？如果我们的开发信都写到这种程度，就基本出师了，初级班毕业。

再看内容，他提到几点，第一，简短、简短、还是简短；第二，没必要的词和句全部删掉；第三，表达清楚。是不是和我们的3C原则异曲同工？

商务信函并没有想象中那么难，只要多摸索和研究客户的邮件，慢慢练习，自然能写一手漂亮的商务信函。"熟读唐诗三百首，不会作诗也会吟。"要抓住客户的心，不只是自己对产品的专业和良好的服务，还需要摸索对方心理的想法，有针对性地给出建议，再加上和外商行文方式极其相似的商务信函，一下子就能拉近彼此的距离，业务也就比较容易进展下去了。

所以，在写完邮件之后，必须多思考，看看哪些句子需要修改，哪些词可能会有误解，哪些地方可以吸引对方的注意等，要把他的注意力吸引过来，使他能够通过开发信对你这个人、对你的产品，甚至对你们公司感兴趣，这才是目的。

以下附上一个我当年利用开发信成功赢得新客户的整个流程，供大家参考。

当时的背景是，公司有个意大利客户要找一款铝合金LED手电筒，款式比较特别，需要彩盒包装，外加白色邮购盒。老板让我找工厂，我找了，公司也投钱做了6个样品，寄了3个给客户，但可惜的是，客户最终没下单，剩下的3个样品就一直在我手里。那时我就想，能不能把这3个样品利用起来，去开发其他客户？如果其他客户有兴趣，我也有现成的样品可以寄，只要客户能到付运费，我就免费提供样品。（当时的心态很简单，只要新客户肯提供到付账号，我就认为这个客户很有诚意。我们提供了免费的样品，就有成交的希望。一直到现在，我还是常有这个心态。）

然后我开始在Google上搜索，因为考虑到最早的意大利老客户指定这款产品，虽然没做成，但说明一点，这个产品的外形肯定是适合欧洲人品味的。所以我搜索的重心也是其他欧洲客户。大概经过一下午的搜索和筛选，到 Google 各个分站去看，比如 .dk（Google 丹麦站）、.uk（Google 英国站）、.se（Google 瑞典站）、.it（Google 意大利站）、.fi（Google 芬兰站）等，去掉一些有网站没邮箱的，再去掉一些小的零售商和大的进口商，我最终把目标锁定在 6 个欧洲进口商身上，其中 2 个意大利的，1 个英国的，1 个瑞士的，1 个芬兰的，还有 1 个瑞典的。他们都是不大的客户，因为网站上可以看到他们的公司简介和邮箱，而且他们都是做礼品、促销品的，再加上他们的网站上都有类似的手电筒。目标客户一旦锁定，接下来就是写开发信了。

因为我是有特定产品要推销的，所以开发信就写得很有针对性。因为这 6 个进口商的网站上都有姓名和 E-mail 地址，所以我分别写给 6 个人，除了名字不一样，内容完全一样。为了便于读者作出区分，我把我写的全部用正体，客户回复的全部用斜体，大家可以清楚地比较和分析。

Hi ***，（因为 6 个客户都有不同姓名，这里用 *** 代替）

Glad to hear that you're in the market for flashlight and other promotional items.

This is C from *** Ltd. in China. We specialized in flashlights and premiums for 10 years, with the customers of Coca Cola, Craft, Pepsi, etc., and hope to find a way to cooperate with you!

Please find the pictures with models and different packaging in attachment. An American guy purchased this model in BIG quantity last year. I would like to try now, if it's suitable for Europe.

FREE SAMPLES can be sent on request. Call me, let's talk more!
Thanks and best regards,

C

*** Ltd.

Tel：***

Fax：***

Mail：***

当时一共给6个不同的客户写了这样一封开发信，内容完全一样，只是对方姓名不同。所谓的某美国客户下过大单，完全是编的，只是给客户一种感觉，美国人很喜欢这款产品，下过很大的订单，你们看看，是不是欧洲市场也能卖一点？最后一句 Call me, let's talk more 是我故意这样写的，因为很少有客户会打电话给一个陌生人，但是这句话写上去让人感觉会大大不一样，首先就是这个人很有自信，其次就是他是有诚意的，不是群发的邮件。这6个人里面有4个没有回，有一个回了一句 Thank you, not this time. Bye. 剩下的最后一个瑞典客户 Kelvin 回复了，他的邮件如下：

Looks nice! What about the price?

就一句话，没有抬头，没有落款，语气貌似也很不客气。所以，尽管有回音，但并不乐观，因为客户的邮件让我揣测到，他并不是特别感兴趣，很可能只是随口一问，或者闲着无聊随便回个邮件。但不管怎么样，总算是个不算太好的好消息，需要仔细研究一下，看能不能进展下去。

我当时的回复如下：

Hi Kelvin,

So pleased to get your prompt reply! Regarding this model, pls find the details with offer as follows:

Model：Promotional 14 LED aluminum flashlight w/gift box

Item No.：***（涉及以前的公司，不方便透露）

Bulb：14 * white LEDs

Luminosity：more than 15 000MCD

Size：39mm（dia of head） ×102mm（length） ×37mm（dia of end）

Weight: 95g (w/o batteries); 115g (w/batteries)

Color: all accepted, pls give us PANTONE code

Photo: pls find the details in attachment (我提供了3张图片在附件)

Logo: silk printing or heat transfer printing

Logo charge: FREE

Operating battery: 3 * AAA battery (NOT INCLUDED)

Packaging: 1pc/polybag/gift box/white mail order box

Pcs/ctn: 100pcs/ctn

Ctn size: 75cm×40cm×65cm

GW/NW: 12kg/11kg

Q'ty/20'FCL: 14 000pcs; Q'ty/40'FCL: 28 000pcs

Payment terms: T/T (with 30% deposit); L/C at sight

Loading port: Shanghai/Ningbo

Sample charge: FREE

Sample lead time: 1~3 days

Order lead time: 30~35 days

FOB price: EUR2.20/pc

Please kindly check and revert at your earlist! Free samples will be sent on request.

Comments please, any questions will be appreciated!

Best regards,

C

那时候人民币大幅升值，美元又略微贬值，大家都比较恐慌。而欧元正好也在稳步升值，兑换人民币甚至出现1∶12，所以，大部分贸易公司面对欧洲客户时尽量寻求欧元报价，以规避风险。我也是如此。几个月以后欧元大跌，甚至低于美元，这就不是我们能预见到的了。还好当时我从收汇到结汇，欧元汇率都在一个最高点，运气还算不错。

我不喜欢加附件报价单，喜欢把所有的信息都放在邮件与楚。那时因为考虑到很多客户可能比较懒，懒得去打开附件中的Word或Excel格式文件，所以仅仅在附件里添加了几张图片，包括产品单独的图片，带包装的图片，还有一张效果图，上面标注上尺寸、重量之类的重要信息！

这封邮件其实很简单，就是围绕价格的，我故意突出免费样品和最后的报价，特意用红色标注在邮件里，就是强调给客户看的。尽管这个价格我报得并不便宜，但是我在前面的描述里也指出了，亮度是15 000MCD，而当时在欧洲卖的同类手电筒，一般都在11 000MCD左右。更何况我用的是礼盒包装，外加白色邮购盒，这样一来就明确地突出了自己的产品定位——中高端市场，所以这个价格应该也是可以冲一下的。其他事宜看看客户反应再说。

这封邮件发出去后，等了整整五天，就在我几乎要绝望且不知道是否要继续跟进一下的时候，客户的邮件千呼万唤始出来。还是简简单单的一句话，但是终于有了个开头，也让我多少感觉到有点欣慰。

Dear C,

I'm sure your product holds high quality, but the price was too high as well. Maybe next time.

Rgds,
Kelvin

看来是价格的问题，当然也有可能是客户随口以价格为理由的委婉拒绝。不管怎么样，既然客户有反应，自然要跟下去。于是我接着回复：

Hi Kelvin,

Thank you so much for your kind mail!

Sure, our models with top quality, and think all of them meet the quality level in your local market! If the price is not suitable in your price range, could you pls accept to do a little change? The price will be reduced 3%. That is, EUR 2.13/pc.

Looking forward to your early reply. Thanks.

Kind regards,
C

告诉客户，如果你的报价和他的预期价格是有差距的，我们可以略作改动，价格可以下调3个点，希望有机会合作。这里我故意不说明白具体怎么改动，从而节约成本，这是故意留的一个陷阱，也可以说是悬念，就是为了吊起客户的胃口，让他主动来问我。我当时的目的就是希望能和客户多互动交流，来来往往的邮件越多，最终拿下订单的可能性就越大。果然，客户很快就回了：

C,

What change is ok? Will it affect the quality?

Kelvin

这是好兆头，表明客户的兴趣在增加，否则他不会仔细去问具体的改动在哪里。而且他提到质量的问题，很明显客户对品质要求很高，不希望因为价格因素而降低品质。看来有戏，客户还是在我设定好的圈子里打转。我连忙回复：

Dear Kelvin,

Pls don't worry about the quality. Price is important, but quality counts for much more!

Here is just a little change, the original length of the flashlight is 102mm, and now we just make it short, 89mm instead! And then, the total cost will be reduced 3% because of the material saved!

All the luminosity and the body look the same! I think it's workable for both of us. Any comments?

Best regards,

C

现在告诉客户，其他都不会改动，也不会影响质量，只是把电筒的长度稍微做短一点点，价格降3个点下来。接着客户没了消息，一直到两天以后，才有新的邮件过来，这次是真正的好消息！

C,

Pls give me back C&F air Stockholm.

Kelvin

客户这回明确指出需要报C&F的价格，而且是空运到斯德哥尔摩的价格！第二天我连忙向几家货代询价，比了比价格后，决定给客户回复：

Hi Kelvin,

Already checked the freight cost with forwarders, and was informed the air freight from Shanghai to Stockholm would be EUR 2.9/kg. That is, EUR 0.35/pc will be added on the basic price.

Therefore, the C&F cost is EUR 2.13 + EUR 0.35 = EUR 2.48/pc.

Please confirm the above details, and I'll send you the proforma invoice.

Looking forward to your reply!

Thanks and best regards,

C

等了一天，客户没回；两天，还是没回；三天，还是没回。第四天我等不住了，又跟了封邮件。

Dear Kelvin,

Sorry to trouble you again. Because the busy order season is coming, please confirm the details soon.

We need to arrange the mass production asap, to keep the delivery on time!

Thanks.

Kind regards,
C

客户依然杳无音信。我忍不住了，打电话过去，客户终于说，他最近比较忙，会尽快回我的，然后就挂了。过了10分钟，邮件就来了。看来电话还是有用的。

Dear C,

Try the price on EUR 2.20, you may consider it as an order.

Rgds,
Kelvin

这个价格挺狠的，几乎是我的底价，也就是说，答应了，就差不多没钱赚了。我只好回复：

Sorry Kelvin,

Please consider more about the quality, would you like to evaluate the sample in advance? And we can talk about price later. Okay?

C

客户回复:

Dear C,

No, pretty urgent. Just photos enough. Pls do it on EUR 2.25, I persuade customer give me order.

Best,

Kelvin

这封邮件让我看到了曙光,客户居然主动愿意加5分钱。奇怪了,难道订单真的很急?我当时的想法是,客户其实已经决定下订单了,但是希望谈一个好价格,所以在跟我磨。我接着回复:

Dear Kelvin,

Thank you for your kind mail! But unfortunately, this price is also unworkable for us.

I sincerely hope to have business with you, pls realize our position. 2 suggestions as below:
1) everything keeps the same, EUR 2.45/pc, C&F air Stockholm
2) everything keeps the same, EUR 2.60/pc, with 3 * AAA battery, C&F air Stockholm

Comments, please. Thank you!

Rgds,
C

这时为了绕开价格,我给了客户两套方案。因为他要求 EUR 2.25/pc, 而我前面的报价是 EUR 2.48/pc, 所以就只能先降一点点,给他 EUR 2.45/pc 的价格;同时给出另一套方案,配上3节7号电池,EUR2.60/pc, 看看他的反应。客户回复了:

Hey C,

Good idea to put the batteries together. The price would be reduced to EUR2.53/pc, my customer will confirm the order, 20 000pcs.

Sincerely,
Kelvin

很明显,他对配上电池兴趣很大,但是价格还得接着砍。而我在前面的邮件里故意拖了个尾巴,就是不说明用什么样的电池。虽然说了AAA(7号电池),但并没有说明是碱性还是碳性,二者价格差别可是相当大的。碳性的只要2角人民币,碱性要5角多,价格相差1.5倍!如果这个时候同意客户目标价,用碳性电池,EUR 0.08相当于1.2元人民币(电池有退税),反而在电池上又赚了100%。我连忙回复:

Dear Kelvin,

Great! My boss finally confirmed your target price. You're a so good negotiator!!!

Please find our PI in attachment, and sign by return today. Also pls arrange T/T with 30% deposit soon!

Thank you!

Kind regards,
C

既然他同意目标价,不等他问,就在第一时间将PI(形式发票)发过去,让他没有借口不签。因为目标价是你给的,我同意了,那等于合同就生效了。PI里面我就注明了3 * AAA super heavy duty battery included,意思就是包含3节碳性电池,付款方式是T/T(with 30% deposit),交货期定为40天,附件里还加了我们的银行信息。

结果一连等了一个礼拜,客户都没有回复,邮件如石沉大海一般。

一个礼拜后，我跟进了一封邮件过去：

Hi Kelvin,

No news from you for one week. Any problems?

Kind regards,
C

还是没消息。第二天我算好时差，打了电话去他公司，但是一直没人接。又过了一天，我又跟进一封邮件，主题上也加了 top urgent！！！（特急！！！）的字样。

Dear Kelvin,

Any update? I phoned your office yesterday, but nobody answered.

What's up now? We need your urgent confirmation to arrange the mass production.

By the way, did you already arrange the wire transfer of 30% deposit? Please send me the bank receipt. Thank you!

Best regards,
C

又等了整整一个礼拜，在近乎绝望的时候，客户的邮件终于来了：

Dear C,

Here you are!

Sorry for late reply. I went for traveling to Swiss and just back.

Kelvin

原来客户度假去了！其实定金他几天前就安排了，附件就是银行水单。我让财务查了下账，原来这定金一个多礼拜前就已经到账了。这说明客户收到我发送的 PI 后，已经安排了付款，只是后来他去度假，我没联系上他，就简单地以为他没有确认，其实不是的！当初只要我让财务查一下，事情就完全清楚了！我自己需要检讨，为什么就不能想到先通知财务，让他注意查收最近瑞典过来的欧元，只要有，就立刻通知我，那样就不会有这种误会了。

这个客户真的不错，订单既然确定了，就不会再叮着，所有的事情都交给我处理。他很信任我，什么都没有过问，样品也没有要，只是凭几张图片就确认了订单，真的不错。我到今天还觉得，他是个很好的客户。

后来由于工厂的原因，交货期拖延了下来。空运需要到欧洲法兰克福转机，5 天时间到达斯德哥尔摩机场，但是此时已经超过客户交货期 1 个礼拜。我联系了 UPS（联合包裹服务公司），他们有专机，可以空运，但是价格要比普通的空运高 2 000 欧。我问了客户，客户也同意了，而且立刻把剩下的余款和这 2 000 欧一起 T/T 过来，让我尽快安排出货。这个时候我很感动，毕竟货都没出，我已经收足了 100% 全款，而且因为我们的原因延期，客户不但没说什么，而且还付了 2 000 欧的额外费用。我只是和他第一次做生意，大家都没见过，更夸张的是，客户居然下单前都没有要求看样品！也仅仅凭我发的几张大货完成装箱的照片和唛头图片，他就在出货前毫不犹豫地付了全款以及额外的空运费。

再后来，我找到了一家更便宜的货代，价格比原来的低很多，时间同样需要 5 天左右，但是价格比原来的便宜 450 欧。就是说，不但不需要额外的 2 000 欧，原来的 PI 价格里还可以去掉 550 欧。我马上联系客户，让他选择，如果走 UPS（联合包裹服务公司）时间上快 3~4 天，费用高 2 550 欧；如果走普通空运，虽然慢了几天，但是我会退给他 2 550 欧，请他提供他的银行账号。

客户立刻回复，要求走普通空运，并给了我账号，同意手续费由他承担。后来我们将 2 550 欧打给他，银行扣除了大概 60 欧元的费用，客户收到退给他的 2 490 多欧后表示很满意。

一个多月后,我突然收到客户的一封感谢邮件:

My friend,

All the nice items are out of stock now. Customers are happy!

Thank you!

Kelvin

这个案例来自我个人的亲身经历,它一直铭记在我心里。因为它让我明白,只要我诚心对人,别人同样会诚心对我。要想打动客户,除了专业、实力、服务和技巧,还需要用心。

我把案例的整个过程和心理分析详细写出来,同样是想让朋友们知道,开发信真的很重要,只有你用心去写了,才可能有回报。你用心去对客户,为他们着想,他们也会用心对你,为你排忧。你可以用一秒钟复制、粘贴、发送开发信,别人也可以用一秒钟把你的邮件放进垃圾箱,或直接拖进垃圾邮件的黑名单里。

所以,做外贸并不容易,要做得好做得专业更难。不是你赚了钱就说明你做得好,这不一样,有可能是你的产品好,也有可能是你的平台好,还有可能是有个支持你的老板,总之有各种各样的原因。但是信任就不同了,能让客户信任你,相信你,这才是最重要的。当有一天,客户不是因为你的公司而跟你合作,而是因为他信任你从而愿意与你公司合作,这才是你实在的个人能力!

不管是开发信也好,来来去去的每一封 E-mail 也好,一定要仔细揣摩每一个细节,要三思再三思!邮件可以写得很短,但是所写的每一句话都要经过充分的思考,要考虑到客户看到后的反应,可能提出的问题,以及你接下去如何应对等。

就像下围棋,不论执黑执白,普通人是走一步看一步,高手是走一步看三步,国手就是走一步看九步了。谁考虑得越长远、越周全,谁才是真正掌握主动权的人。

第四节　不可忽视的细节

看完前面的内容，相信大家对开发信的撰写已经有了一个大致的了解。知道应如何避免一些错误、如何删减内容、如何点明中心、如何突出优势，等等。但除了这些外，还有很多细节是不可忽视的。

对客户来说，很多细节虽然无伤大雅，但却会影响他对你的印象。一个业务员是否专业，往往从一开始的一两封邮件就可以看出来。就像HR（人事专员）招人的时候，除了考量一个候选人的工作背景、学历、经验等外，往往会从一些细节来判断一个人的性格，还会看到很多平时看不到的东西。

以下是笔者总结的一些在写邮件和客户开发过程中需要注意的细节，供大家参考。

一、邮件人称

每一封邮件都要有明确的收信人，千万不能让客户感觉你是在群发，更不能把对方的名字拼错或写错，这是很不礼貌的。一般用 Dear + 名，或者 Dear Mr./Miss/Ms + 姓，是最正规的。像 Dear sirs 或者是 Dear sir or madam 虽然也可以用，但最好尽量避免。因为没有人称，收信人可能不会看，或者不知道该转给谁，觉得是推销邮件，可能就会直接删除。

举个例子，客户的名字叫 Jack Peterson，通过姓名很容易判断这是个男名，那么邮件的抬头怎么称呼这位先生呢？一般情况下，可以写 Dear Jack，也可以写 Dear Mr. Peterson，这样比较正式。而这两个称谓在国外也是有细微差别的，直接用 Dear 加名字显得相对亲近。但是有一点需要注意，如果对方的级别或职位很高，而你又是小职员，最好一开始用后面这个"亲爱的 Peterson 先生"，显得更加合适。虽然欧美人在称呼和等级上比较随便，下级对上级可以直呼其名，但是在面对客户公司的大人物的时候，还是尽量恭敬一点，以给对方留下好印象，不要让人觉得你很自以为是。

我以前就碰到过这样一个情况，我的客户是美国人，叫 Jeff Black，跟我做了一年多生意。有一次他要出差，让我把邮件直接写给他的上司 Steve Hixson，并抄送给他。因为我不了解 Steve，平时也没有接触过，我自然会用 Dear Mr. Hixson 这么一个称呼，表示尊敬。Hixson 先生回信里很友好地说 Please call me Steve，这样就很清楚了，对方在表达善意，两个人的距离就拉近了。

当然，除了这两种正式称谓外，还有一些非正式的称谓，比如 Hi Jack, Hello Jack，又或者直接叫 Jack，也是可以的，但一般用于熟人和熟人之间。有些比较严谨的客户，就不怎么喜欢这样的称呼，所以用的时候，要相对谨慎一点。

二、结尾签名

对业务员来说，需要直接联系客户，但也要方便客户联系到你。所以正规的公司一般都有专门设计好的签名，即使没有，也应该有完善的内容。我可以肯定地说，一个签名甚至会影响成交，不注意签名可能会导致失去机会。这不是危言耸听，下面是我亲身经历的一件事。

几年前我刚做 buyer（买手）的时候，在国内采购塑料餐具，当时采购 4 件套塑料碗，有很多供应商给我报价。真正在谈判中的有两家，一家的报价是 3.65 美元，另一家是 4.15 美元。

我跟前一家已经谈了两周多，美国总部也已确认价格，基本上已经决定把订单下给他们了。周三晚上，我收到美国上司的 E-mail，说他周五会到上海，要我约好这家供应商，一起去酒店见他，并带上样品。

这是个大事情，说明订单已进入实质阶段。我连忙联系这家供应商，在邮件里翻来翻去，居然没有找到她的电话，每封邮件的结尾都是：

Best regards,

Sandy

因为没有详细信息的签名,所以我只能跟一封邮件,告诉 Sandy 我们老板要来中国,想见她,并讨论这个项目,让她看到我的邮件后马上给我打电话,或者回复我一下,告诉我电话号码和手机号码。

结果等了一天,没有电话也没有邮件。我急了,只能在网上搜索她们公司的联系方式,也不知道对不对,搜到电话就直接打过去,可惜都没有人接。

周四晚上我实在无计可施,只能联系另外一家价格较高的供应商,让他们周五带着样品来上海,直接跟我的上司谈。这家公司很爽快,一口答应,第二天就带好样品、名片和他们的新产品直接来上海见我们。谈判过程很愉快,除了这套塑料碗,还下了另外 7 款商品的订单。

直到我这个行程结束,还是没有收到那位 Sandy 小姐的任何回复。又过了三四天,终于来电话了,是 Sandy 打来的,跟我说抱歉。因为她们都去展会了,所以公司电话没人接,展会期间也没有带上电脑处理邮件,回来后才发现我的 E-mail。结果 Sandy 就没能与我们合作,因为我们的订单已经下给了另外一家。

这个案例说明一个问题,你邮件里没有详细的签名,没有电话、传真、邮箱、地址等信息,客户需要紧急联系你的时候就没有办法联系,很多机会就错过,可能订单也丢掉了。

还需要补充一点,签名不用太花哨,简单准确就行了。但是诸如 MSN、ICQ、QQ、Skype 之类的聊天工具就不用加上去了,正式的商务人士是不会在邮件里加入这些信息的,否则会让对方觉得你不专业或者公司不正规。

三、附件添加

在邮件里添加附件的时候,要注意三点:一是附件不能忘记添加,二是文件大小,三是文件格式。只有确认无误,才能点"发送"键。

第一点虽然好理解,但实际操作中很多人都会遗忘。明明邮件里写着 Attached···（附上×××），或者 Enclosed（附上×××），结果没加附件，客户什么都没看到。如果马上再跟一封，加上附件，当然可以，不过会给人留下粗心的印象。特别是初次联系的客户，这个第一印象很重要。

文件大小就不用说了，理论上肯定是越小越好，便于接收和打开。曾经有很多客户会用 BlackBerry（黑莓手机）收邮件，如果附件太大，载入太慢，可能会使对方失去耐性。现在又多了 iPhone 和 iPad，深得国外买手的喜爱，但通常会用 3G 之类的网络，同样面临大附件载入慢的问题。

文件格式必须注意。如果要发给客户很多图片，尽量用 JPG 和 PDF 之类的格式，且控制图片大小，便于打开。尽量不要将文件打包成 RAR 或者 ZIP 等压缩文件，根据经验，往往有很多客户打不开，会造成不便。如果只是 Word 或 Excel 格式的报价单，影响文件大小的一般都是里面插入的图片，最好用 Photoshop 或相关软件处理后再发送。一般来说，附件应尽量控制在 1M 以内。

四、开发途径

写开发信的时候，尽量要点明得知客户联系方式的途径，给客户增加印象，同时可以避免唐突。特别是对于碰过面的客户，就更加需要在第一句就点明主旨。

比如"有幸在某某展会上得到您的名片，获悉您对某某产品感兴趣"，或者"很高兴在您的网站上获悉，您主要销售某某产品"，又或者"经某某朋友介绍，得知您的联系方式"，等等，让客户第一眼看到时就有一个大致的印象。

要避免纯粹地为了推销而推销，虽然要漫天撒网，但方向和地点要有针对性。做生意是为了合作，为了争取双赢，要让客户感觉到跟你合作有机会让大家赚钱，这才是一个好的契机。

五、字体格式

写邮件的时候，必须注意字体，因为很多客户很主观，看到奇奇怪怪的字体会觉得很难受。特别是大多数朋友用的是中文系统，写邮件的默认字体可能是"宋体"，而客户基本上使用英文或其他语言的操作系统和软件，显示宋体就会有问题，很多时候会出现乱码，很多内容会显示得很不美观，这样会影响阅读者的心情。

所以，字体应尽量调整为简单美观为好。以我自己为例，一般会使用 Arial，Calibri，Calibria，Century Gothic，Comic Sans MS，Times New Roman，Verdana 这几种字体，大小基本上用 11 号或 12 号字，这样看上去比较符合英文阅读习惯。另外，颜色不要花里胡哨，尽量用大大方方的黑色和深蓝色，显得比较正式。签名可以稍微加一点色彩，或者更换字体之类的，让人看邮件的时候也会欣赏几眼。

格式方面，要注意控制段落。段与段之间要空行，每个英文标点之后要空一格，这样才不会"眉毛眼睛挤在一起"，让人看了不舒服。

第五节　开发信中级与高级进阶

一、中级班

前面的内容看完后，开发信的初级阶段就告一段落了。如果能够游刃有余找到目标客户，能写一手漂亮的开发邮件，那么初级班就满师了，接下来就是进阶学习。

坦白说，对于不同程度的外贸同人，要求自然是不一样的。如果是新手，学会如何寻找目标客户、如何给客户写第一封邮件，这是必要的。这些知识熟练掌握后，应该进入另一个层次，就是开发信的中级班。

前面说过，开发信不能太长，否则，大多数客户没兴趣看。可写得太短，也可能会失去很多潜在客户。内容不够，突出不了优势，怎么会吸引客户的兴趣呢？

举个例子，A 公司生产笔记本电脑，如果开发信只是简单地点一下：很高兴从某某地方获悉您的信息，我们提供价廉物美的手提电脑，希望能跟贵公司合作。这样的语句说服力不够，因为是专业产品，没有太多的内容和实质性的证据，很难让客户有准确的判断。价廉，能低到何种程度？200 美元算价廉，还是 100 美元算便宜？没有合理的参照物。物美，这个就更难数字化了，怎么样才算是 good quality（高质量），你没办法证明，客户脑海中也形成不了具体的概念。

当自己在工作中慢慢成长、慢慢变得专业起来的时候，写开发信同样也得与时俱进。在这种情况下，就要使自己的专业性得到最大限度的发挥，让客户知道你很专业，让客户觉得你很不错，以此来吸引对方的注意力。

我把这个方法称为"开发信群"，英文叫"mail group"。此方法完全原创，是笔者多年经验的积累，如有雷同，纯属巧合。

我一般的做法是 split mails，就是拆分邮件。把一封可以写得很长、内容很全面的邮件拆成多个邮件，组成邮件群，以此来突出优势，同时专门对付那些专业客户和大买家。虽叫开发信，但不一定是一封信，可以是两封、三封，甚至很多封，不要局限了思维。

以出口杯子为例，我通过 Google 发现了一个瑞典客户，决定向他推销，我会这样写开发信：

第一封：简单介绍自己，用我习惯的开发信的写法，避免那 10 种问题，简洁一点，以此作为敲门砖。

第二封：跟在第一封后面，推荐几款我们出口瑞典和西欧、北欧市场的产品，根据客户网站上的产品推荐适合他市场的产品。注意图片不要过大，但是内容要足够丰富，能通过一张或几张图片看到足够多的信息。

第三封：跟在第二封后面，推荐一到两款产品的报价，在邮件里简单报价，同时附上详细的报价单。控制文件大小，尽量把附件控制在 1M 以内。

第四封：给出我们马克杯的测试报告，专门发一封邮件，以增强客户的信心。

第五封：如果我自己有工厂，就再跟一封邮件，附上第三方机构的验厂报告。或者另外再写第六封，简单介绍自己的工厂和优势、年销售额和生产能力、现有的合作客户，附上车间、样品间、仓库、实验室等地方的图片。如果有专门设计好的 presentation（演示）之类的介绍就更理想了。

但是有个细节需要注意，这五封邮件的主题必须多变，不同邮件的侧重点不同。这五封邮件组成的邮件群就是我的开发信。然后过段时间可以跟进第六封邮件，问问客户需求之类的，或者打个电话沟通一下。能做到这点，就完成开发信的中级阶段了。

 经典案例：开发信群（mail group）

以下是我个人当年对于开发一个意大利客户的尝试，不仅成功开发这个新客户，还成为她在远东最主要的 3 个供应商之一。这里把邮件原文放在这里，仅仅隐去公司名，并加上点评，供大家参考。

Re：Stationery vendor for Antonio

Dear Eva,

This is C from ***. Glad to get your info from my Italian friend Antonio.

As I know, you have interest in purchasing stationery from Chinese mainland. We supply folders, clips, highlighters, notebooks to EU market for several years.

Please contact me for any questions.

Best regards,
C

点评：先发第一封开发信，简单介绍自己的公司和产品，提一下如何得知对方的联系方式。尤其是老外朋友介绍的，更加需要突出，容易引起对方的注意。故意把介绍人的名字写在主题里，是希望抓对方眼球。

Re: company profile – *** company

Eva,

Attached our company profile for your reference. Thanks.
Regards,
C

点评：第一封发送后，跟在后面写第二封，修改一下主题，发送一份详细的公司简介给对方，最好是PPT或者PDF格式的，有图形和文字，能给对方一个很直观的感觉，使供应商有一个初步的印象。

Re: stationery quotes

Hi Eva,

Here attached the quotes for stationery program for your review. To be candid with you, it is the basic price, and will be fluctuated due to the different quantity.

Should you have any questions, that is welcome. Thank you!

Best,
C

点评：然后立刻写第三封，第三封既可以跟在第二封后面，也可以不紧跟其后，关键是主题一定要多变。这里可以推荐一些产品报价，报价单里至少要有几款特别有价格竞争力的，来测试客户对价格的敏感度。故意在邮件里注明这是基础报价，是为后面可能有的谈判进展留有余地。

Re: factory audit report – *** company

Dear Eva,

We have already passed the factory audit from Wal-Mart, SGS & BSCI.

Please find the audit reports in attachment.

I'm sure that our factory is good enough for your program in Italy.

Any comments, that will be appreciated!

Best regards,
C

点评：第三封发出去后，立刻写第四封，把关于自己的工厂实力、验厂报告等发送给客户参考。如果是贸易公司，可以不发验厂报告，但可以突出一些别的优势，比如现有的大买家、现有的市场构成、现有的新产品等。有针对性地推荐，主要是给客户留下印象，不至于一看就忘，甚至根本不看。

Re: photos of sample room

Dear Eva,

Enclosed some photos for our sample room for your review.

If you have time, please pay a visit to us. I think a lot of items will match your interest, and really hope to establish business relationship with you!

Kind regards,
C

点评：跟进第五封，拍一些样品的图片，把图片好好处理一下，灯光、角度、明暗度、文件大小等，不需要太多，但一定要清楚、直观、突出优势，而且所有文件加起来，控制在几百K以内，尽量不要超过1M。

Re: recommended items for Italy

Eva,

According to my experience, here attached some products which suitable for Italy for your review.

If any demand, I'll provide the offer sheet with samples immediately!

Thanks and best regards,
C

点评：再跟进第六封，推荐一些适合对方市场的产品，关键是为了突出自己的专业。虽然前面第三封邮件已经推荐产品报价，但显然不可能报很多不同的款式，这未必能吸引客户。这个时候，就需要适当补充尽可能多的图片，供客户筛选。等对方有兴趣了，再报价也不迟。总而言之一句话，需要报价，但要报得巧妙；需要推荐，但要荐得准确。

这六封邮件，就可以理解为一个"开发信群"，也是我从自己多年前的历史邮件里翻出来的。如果是有心人，可能会注意到，只有第二和第四两封邮件的主题里有"*** company"字样，其他四封均没有。这不是我遗漏了，而是有意为之。如果客户不喜欢推销信，可能一打开邮箱就看到这六封都是同一个公司发来的，很有可能就一并删除。而主题多做变化，不仅为了抓对方眼球，同样也是吸引收件人点开邮件的一个小招数。根据我的推算，主题多变，能大大提升邮件被点开的概率。

还要补充一点，关于主题的设置，稍微动点脑筋，耍点小伎俩无可厚非，但千万不要弄得过于"劲爆"，比如"1 dollar iPhone"或者"buy 1 get 1 free"之类太过于广告化的内容，这会让对方觉得不实在，或者觉得你是骗子，正当的贸易商人是不太会这么做的。偶尔为之尚可，经常这样玩就不好了。还是要实打实地体现商务信函的专业性，做到邮件正式、得体，语言简洁、明了，足矣！

二、高级班

师父领进门，修行在个人。

本章小结

对很多新人朋友而言,"开发信"是绕不过去的一个槛,在没有老客户、没有展会的情况下,难免需要通过广泛的开发信来寻找机遇。

正因为大多数人都采用无差别的"扫楼"法,结果自然收效甚微,往往是"求之不得,辗转反侧"。时间长了,直接就丧失了信心,甚至对自己的能力抑或整个行业产生怀疑。

其实开发信的写作没有那么难,无非是掌握一些要点,避免常犯的错误;多学习欧美人士的行文和遣词造句,简单而言之有物;做好准备工作,注意针对性,具体问题具体分析,然后适当调整内容,这样就可以了。

等能够随手写一封漂亮的英文邮件的时候,相信各方面的基础知识和相关行业知识同样已经变得十分扎实。这个时候,就可以适当进阶,在开发信的写作上更加出色地体现自己的专业和能力。

第三章

开发过程中必须注意的问题

在开发新客户的过程中，有很多东西是要注意的，尤其是一些关键的细节，更加不容忽视。因为客户不了解你，他跟你的初次接触就直接决定了对你们公司的印象。

特别是底层的业务员，本身处于最前线，直接面对客户，其本身的素质、个人能力、应变和谈判手段往往会给客户留下初次印象，也许是好的，也许是坏的，又或者是普普通通、中规中矩的。

那么，很多细节就必须注意，要尽量营造一个良好的谈判氛围，以显示自身的专业，体现产品和公司的优势所在，从而为未来的合作铺好道路。

本章结合我从业多年的经验体会和与一些大公司采购朋友的交流讨论内容，并参考国外一些商业杂志的相关评论，罗列了以下 7 个必须注意的问题，供大家借鉴。

第一节　提高自身素质，认真对待每个询盘

其实对客户来说，一个公司最最重要的不是高管，不是大老板，而是直接接触客户的底层员工。客户对这些员工的印象就直接决定了他们对这个公司的印象。如果员工们彬彬有礼，服务周到，自身素质过硬，谈吐不卑不亢，还能讲一口流利的纽约口音的英语，E-mail 写得滴水不漏，对产品的了解十分专业……你要是客户，是不是很愿意跟这样的员工打交道？是不是很愿意跟他或她谈生意？是不是对这个公司印象不错？

那就是了。人都是感性动物，往往会凭一己好恶来判断某个人或某个公司。如果这个员工很懒，或者思维一团混乱，没法沟通，你自然会对这个公司印象恶劣，不想继续谈下去，这是人之常情。

在现代社会里，我们几乎每个人都会跟银行打交道，存钱、取钱、办信用卡、办理一些基金和理财产品等。你有特别喜欢的银行么？我相信每个人多少会有点偏向性。有的时候你会对某个银行非常不满意，人前人后总说这个银行很差。但问你具体原因，可能就是对某一天的某个

柜台小姐不满意，因为她做事拖拖拉拉，语气不怎么客气。仅此而已，就因为这么一件小事，直接影响了你对这个银行的看法，然后"恨"乌及屋，直接找出了一大堆理由说服自己以后再也不去这家银行了。其实最初的导火线，只是这么一件很小的小事而已。这个银行好吗？其实很好。员工好吗？也很不错，训练有素。高管呢？那就更厉害了，都是有多年从业经验的行业专家。那为什么这么轻易就失去了某些客户呢？因为大部分的顾客见不到老板，接触不到高管，每次办理业务需要直接面对的就是最底层的员工，而一旦这些最底层的员工出现问题，就会直接影响银行的声誉。

所以，我常常说，对工厂和贸易公司而言，最重要的不是中层和高层，而是底层。如果金字塔的塔基很结实，上面就算不够紧密，也不会倒。反之，下面一塌糊涂，中部和塔尖就算质量再好，即便没有轰然倒塌，也难免摇摇晃晃、东歪西斜。

在外贸业务的开发过程中，很多要素是一定要注意的，而"训练有素的员工"肯定排在第一位。新客户发询盘过来，这是初次联系你们公司，所以这个回复的员工就直接代表了你们公司的形象。如果这个员工不专业，或者邮件写得不够好，或者速度太慢，或者觉得这客户可能是骗子或是套价格的而不回复，自然会让客户对这个公司印象恶劣，以后会不会还有询盘就难说了。很多业务员朋友说现在新客户很难做，开发很艰难，很多老板也这么认为。其实如果很多销售总监甚至老板直接去处理，跟进这些询盘，就会发现新客户开发并没有那么难。那么公司这些年来为什么开发新订单这么艰难？答案呼之欲出——底层员工出了问题！

因为不够专业，因为没有受过良好训练，因为没有培训好 E-mail 的写作，因为大学里学的东西跟工作是脱节的，因为贸易实务教材严重滞后于现实，因为没有专门的主管负责教授他们产品知识，因为没有去过展会直接接触客户，因为没有明确的目标和工作动力，因为没有人帮助他们、教他们、带他们，因为对不同区域市场不了解，因为没有供自己发挥的平台……太多太多的原因，直接导致了客户的不满，开发自然变得难上加难。

我曾经特地拜访过几个美国朋友，都是大公司的高管，有做贸易的，做行政的，搞金融的，开发软件的，横跨了多个行业和领域。当我问他们"对你们公司而言什么东西最重要"时，回答出奇地一致，都是trained staff（训练有素的员工）或是skilled staff（专业的员工）。如果拿同样的问题问我们国内的老板，我相信有些人会回答"人才"，同样也有诸如"企业文化"、"公司规模"、"资金实力"、"创新能力"等答案。但即使把"人才"作为答案的老板们，真正注重人才了吗？或许他们只关注一个空降而来的海归，或者是去同行那里挖了个高管过来，觉得这样就够了，就可以带动自己公司发展，而忽视了对底层员工的培养。

假如一头狮子带着一群绵羊，和一只绵羊领着一群狮子狭路相逢，那么，谁会取胜？

老板能力再强，业务主管再厉害、再专业，终究只是一个人或几个人而已，作用有限。对公司的长远发展来说，需要的不是几个人，而是一整个高效率、高素质的专业团队，这样才能在竞争中无往不胜。

永远不要觉得，开发新客户就是拼价格，这是错误的。只要我的价格比同行低就可以拿下订单，那外贸是不是太容易了？专业和服务在任何时候都是重要的，也许更胜于价格。如果你价格很好，但是表达能力太差，客户不知道，甚至不愿意跟你沟通，那你又如何突出自己的价格优势呢？

很多大学生刚开始找工作的时候，除了选择稳定的公务员和事业单位外，会选择外企，原因就是它们有良好的培训机制，可以迅速锻炼一个人。因为进入中国的外企，通常都是一些了不起的跨国公司，声誉比什么都重要，尤其是欧美的那些百年企业，就更加把公司声誉视如生命一样珍视。他们会容许底层的员工不够专业，从而影响这个公司的名誉吗？不可能！所以才创建良好的机制，空降高管会很谨慎，培养新人也十分全面，这样就有了一个完善的人才管理和培训制度，能让"有氧血液"不断循环。

目前国内的外贸行业除了外商采购办以外，大部分的工厂和贸易公司都属于民企，管理和培训制度有所缺失，不重视甚至忽视对新人和底层员工的培训，结果自然不容乐观。

老板和主管很忙，没时间管理最底层的员工，老员工或者直接上司很多又出于私心不愿意培养新人，怕教会徒弟，饿死师傅。结果公司的发展就会出现瓶颈，老客户越来越难伺候，新客户开发又无比困难，底层的人员流失也很严重，结果一年一年下去，不断恶性循环。最底层的员工们也都在混日子，不会去不断学习，不会去自我增值，就拿份薪水随便打打杂，哪天做厌了大不了走人。

这个问题其实很难在短时间内解决，不是一个人或者几个人能够改变的，需要长时间的努力才能逐渐形成高效的培训机制，建立专业的团队。很多公司在讲 teamwork（团队合作），又有多少团队能真正形成一个 team（团队）？

 实例1：采购商的选择

3年前我供职于一家美国公司的中国采购办，担任高级采购总监。有一天我收到总部关于名片夹的询价，用作促销，数量暂时未知，要我推荐合适的供应商，并提供图片和报价给他们筛选。

首先我的自然是平时合作良好的老供应商，两家贸易公司第一时间向我推荐了几款产品，提供了详细的报价和图片，同时告知我打样时间和大货生产时间，这种做法非常好，也很专业。

我为了多做比较，就在 Alibaba 和 Global Sources 上又找了几家新的供应商，有贸易公司，也有工厂。我的习惯是，先写详细的邮件告知他们要询价的产品，并简单介绍自己公司和合作条款，然后再打电话过去确认，跟进一下细节。下面搞笑的场景出现了，为了区别几个公司，我用A、B、C、D来代表那几家供应商。

A公司：

邮件发过去没有回复。打电话过去，是一位女士接的，开口就是："你是谁？你找谁？干什么的？你要询价？询什么产品啊？你们是什么公司？哪里的？订单数量多少啊？"

一连串的审问,问得我感到头晕,匆匆说了句"谢谢",就挂了电话。

B公司:

邮件发过去没有回复,只能打电话跟进一下。

这次接电话的是位男士,听上去年纪不轻,也挺客气。听我说明来意后,他马上表示会让同事尽快看我的邮件,并给我回复。

但是我一天一个电话去催,得到的答复不是"同事比较忙,正在处理",就是"不好意思,我们会尽快回复"。到底多快就不知道了。到了第四天还是没有任何回复,我感到非常无奈,后来也就不催了。

C公司:

这个公司就更离谱了,发邮件没人回复,打电话过去,一位女士接的,拿起电话就问"你找谁?",语气很冲。

我简单介绍了一下自己:"我是美国公司驻中国采购办的高级采购总监,看到贵公司网站上有塑料和铝制两种名片夹,我们目前正在找此类产品,希望找你们公司询价,能不能告诉我应该联系哪位……"

话还没说完,对方就直接打断,"你就告诉我你要找谁吧,我没时间听你啰啰嗦嗦的"。我连忙解释:"这是初次合作,毕竟以往没有接触过贵公司,所以不知道应该联系谁,你能不能帮忙给我你们负责这类产品同事的联系方式,或者把电话转过去也可以?"她就说了句"莫名其妙",就直接挂了电话。

我自然不会再打过去,这个公司也直接被我列入了黑名单。

D公司:

这个公司相对好一点,员工至少有基本的礼貌,虽然邮件同样没有回复,但至少主动打电话过来问了问我询价的需求之类的,这点还是让我比较满意。

虽然后来没有什么下文,因为她坚持要我提供图片和准确的材质、重量之类的资料,而我没有资料和图片,需要供应商推荐合适的产品给我,所以她没法报价,也就没有继续下去。

通过以上情况,可以看出除了D公司外,其他公司直接被排除在外了。原因何在？大家自然都明白。至于 D 公司那位小姐的工作方式是否有问题，我不想评论，但是可以看出，这四个公司的员工都不够专业，服务也不够好。他们都没有回复邮件，这一点很不可取。A、B、C 三家公司如此对待潜在客户，他们的老板如果将来某一天发现自己每年花费几万元甚至几十万元投的 B2B 平台没什么效果，原因居然是员工这样对待客户造成的，会不会气出胃病来？

我举这个例子并无意诋毁他们，也不想评价他们的工作方式是否有问题。我只是想说，至少我作为客户，用 B2B 平台的体验很不愉快，发出去的询盘 95% 都石沉大海，直接导致我现在不再使用 B2B 平台询盘。是我的英语不够好么？虽然不算很好，但至少我在美国生活过，也做了这么多年外贸，怎么说平时用用也过得去。那原因在哪里呢？是这些公司没有重视 B2B 平台的询盘？还是因为我是中国人，揣测我只是代表贸易公司来骗价格的？

我不知道，也不想浪费时间去猜。我只明白一点，因为这些底层员工的问题，让这些公司直接失去了跟我及我们美国总部合作的机会。最后我还是只看了老供应商的报价和样品，把订单下给了他们，一切一如既往。

所以说，训练有素的员工，是一个公司最宝贵的财富，也是外贸开发过程中的重中之重。而下面几节中所谈到的内容，广义上仍可以包含在这一条里面。

第二节　不要试图争赢客户

我们要改变一个观点，不要觉得赢了客户就赢得了谈判，谈判永远都应该是双赢的。要让彼此都在谈判中获利，大家在生意中各取所需，这才是我们的最终目的。

有些朋友很喜欢辩论，如果觉得对方是错的，就非要把自己的想法强加于对方，必须让对方同意你的观点，否则就觉得这个人没法沟通，一点都不专业，是吗？

大家别笑，这种情况在外贸中是常有的事。

 实例2：学会尊重客户的选择，减少不必要的争论

多年前我在贸易公司工作的时候，有一天收到一个询盘，一位德国客户寻找某种园林剪刀，3 000 把，并说明手柄的塑胶部分必须用 TPR（一种橡胶材料），不用 PVC。因为他要检测 phthalate（邻苯二甲酸盐），所以我们的产品不能用 PVC。

然后我让助理去询价，结果当天下午她把工厂的报价单拿给我看，上面清清楚楚地写着：PVC handle（手柄）。我感到奇怪，立刻打电话给工厂的业务主管，告诉他我们的客户要 TPR，不要 PVC，让他重新核一下价格。下面就是当时的对话记录，大致就是这个意思：

我："刘经理，毕竟我们的客户是德国人，欧洲对于塑料和橡胶方面的测试是很严格的，客户指定手柄塑胶部分要 TPR……"

刘："我知道的，我们出口德国的产品很多，PVC 出了这么多年了，也没什么问题啊。"

我："我知道您说的没错，但我们的客户比较特殊，他有他的要求，所以我们要按照他的要求来报价。"

刘："你们客户到底懂不懂啊？TPR 这么贵，干吗不用 PVC，我们现在用的都是环保材料，检测又不会有问题。你跟客户说一下，用 PVC 就可以了。"

我："这个我明白，但这个客户想要的就是 TPR 手柄……"

刘："就这么点数量，麻不麻烦啊？"

我："是是是，您说的没错，数量的确小了点，可毕竟也是新订单嘛，我们也需要互相支持，把客户慢慢做大，所以……"

刘："那我没法弄，你们什么都不懂，我们做了这么多年欧洲市场，从来都没问题的，我们跟***、***这些大客户都有合作……"

下面的对话我就不写出来了，反正是不太愉快。从以上来来回回的对话可以看出，工厂业务主管脾气有些急躁，屡次打断我的话，不太礼貌，而且要争赢我，觉得我不懂，不专业，觉得他们的剪刀在欧洲卖得很好，在德国也卖得好，还做过几个欧洲大客户，所以不是他们的产品不行，而是我不懂，我的客户也不懂。

这样的回答究竟对不对姑且不论，但从我的角度来看，我会高兴吗？我是他的客户，我有我的要求，我要买TPR手柄的剪刀，你可以推荐PVC的，价格更好。但是我是客户，我可以买我要的东西，可以不采纳你的建议，坚持要根据我的要求来，我愿意接受价格更高的产品。你可以不做，你可以觉得数量太少，要求涨价，这些都是可以谈的。但你不能说你是对的，我就必须是错的，我就必须要按照你的建议来做。

这就是问题所在，在争论中赢我是没有意义的。

那我们再扩展开来，当你直接面对客户的时候，不管是贸易公司、采购办，还是外商，你都是为了合作，为了拿订单，为了在合作中赚钱，这个是目的。为了这个目的，谈判的过程就是不可或缺的。要记住，这不是黑与白的选择题，非黑即白，没有第三种答案，这是一个磨合的过程。双方有自己的目标、底线和立场，然后根据对方提出的条件来修正自己，最终如果能达成共识，那就成交；如果在某些问题上无法取得一致，谈判也许就会中断。这都是很正常的。但永远都不能觉得客户是错的，就一定要扭转他的观点，这是不对的。

因为对与错往往是不同立场下看待问题的结果。比如出口童装去美国，通常蓝色和粉色比较多，如果某个香港客户要采购黄色的出口美国，你是不是必须跟他争论，只有蓝色和粉色才好卖？我觉得你可以建议，但是客户要买什么，还是由他自己决定。你有你的经验没错，客户也有他的立场，也许他有特殊的销售渠道，或者他要开辟新市场呢？你不知道，客户也没必要把他的计划告诉你，对吧？

<u>给出专业的建议</u>，这很可取，<u>给客户多种方案选择，那就能更进一步</u>。但千万不要把自己的想法强加于客户头上，这只会让对方反感。即使争赢了客户，也许同时代表着失去客户。

我们要的是win-win（双赢），目的是win the order（赢得订单），而不是win the argument（争赢客户）。

第三节　切忌随意猜测对方的采购意图

虽然我提到过，要了解客户的真实需求，比如目标市场、消费群体、大致数量等，但很多东西要有理有据，有具体的数据支撑，用实质性的证据来证明自己的猜测和判断，而不是简单地凭空猜测，凭感觉做事，这在贸易中是绝对要不得的。

很多做业务的朋友每天会收到各种询盘，往往容易主观判断某个询盘是假的；某个询盘太泛泛，不像是真的来采购的；某个询盘看上去就像骗子；某个询盘的IP（网络地址）是中国的，可能是贸易公司来套价格；某个询盘自称办事处，也不知道真假……这无形中会失去很多机会。

这个毛病不只新人有，很多老业务员也有。正因为做的时间长了，觉得自己见的世面多了，接触的人也多了，就能一眼判断真假，甚至一眼判断询盘的质量高不高，这是不可取的。毕竟每个客户的习惯不同，你怎么能凭一封询价的邮件来判断客户真实的采购意图呢？至少我做不到。

有些客户可能很懒，会简单发一句please give me your price list（请给我一份你们的报价单），什么资料都没有，也不说要什么东西，一句多余的话都没有，给人的感觉就是复制、粘贴后漫天发邮件，或者是套取报价的。我们的业务员们很多就直接忽略这种邮件，不回复。我要问一句，你就这么肯定这客户不是真实客户？业务员朋友会说，一般这种来要电子样本和报价单的都是随便问问，不会有订单。

我承认这话没错，但是世事无绝对，你也说了"一般"，那如果这次的客户正好"不一般"呢？就算100个这样的询盘可能只是问问而

第三章　开发过程中必须注意的问题

已,你又怎么知道那第 101 个不会成为你的客户呢?为什么不能推荐几款自己好卖的产品?为什么不能整理一份 e-catalogue(电子样本)?很麻烦吗?其实花不了多长时间。归根到底还是你内心深处的怀疑论作祟。

　　这个世界这么大,形形色色的人都有。每个人写 E-mail 的方式都不一样,又怎么能以某些客户的询盘为标准来判断其他客户询盘的质量高低?当然,大部分人都会觉得有针对性的询盘质量最高,特别是精确到材质、重量、尺寸、包装等,最喜欢去回这类询盘。这个观点没错,这一类询盘质量是好,但并不代表你的机会也大,因为机会对新供应商来说都是均等的。请注意,我用了个"新"字,因为客户对于下单给新供应商,也是很谨慎的,在同等条件下,他自然选择长久合作的老供应商。只有新供应商的某些优势特别突出,客户才有可能转单。还有一点,质量好的询盘对每个供应商来说都是重中之重,是需要在第一时间回复的。无形中你的竞争对手会多出很多,而且大家都希望开发出这类客户,火拼价格在所难免。

　　但是那些质量不高的询盘,甚至泛泛的询盘呢?大家就没这么积极了,有些会随便回几句,大部分估计就直接被忽略。那对你来说,是不是一个机会呢?当大家都在红海血拼时,你为何不试试能不能另辟蹊径,打出一片蓝海?

　　正因为开发新客户不容易,我们就更不能放过每次机会,不能放过每个询盘。质量好的你可以完全根据要求来回复,比较泛泛的你也可以适当简单地回复一下,谁也不知道会不会出现一个好机会?

　　如果你实在对这类泛泛的询盘不感兴趣,不想浪费时间,那也可以简单写一个邮件模板,以后凡碰到这类询盘,就复制、粘贴,然后发送,用不了几秒钟吧?我相信大家不会忙得连几秒钟的时间也没有。

　　我的建议是,与其有时间怀疑这个,怀疑那个,还不如在处理询盘上多花几分钟,顺便推荐几款产品报一下价格,或者发一份电子样本。多一封邮件其实就等于给自己多一个机会,为什么不试试呢?

　　机会是靠自己争取的,只有你自己才能把握或放弃机会!

第四节 坚持底线，适当妥协

坚持底线做事情，证明这个人对自己和公司有信心。对自己的产品有信心，这是好事，但过犹不及。过分地坚持自己的底线不做任何让步，就不是执著这么简单了，很多时候客户会觉得这人太死板，不会变通。

因为做生意是人与人之间谈判的过程，双方都有自己的立场，都要赚取自己的利益，所以在很多条件上争论是很正常的。但不管是怎样的谈判，都不是不平等条约，都是建立在双方互信互惠的基础上的。只要是谈判，就必定会有让步的空间，很多地方是公司的底线不能突破，但别的地方就可以灵活一点，适当变通一下，进而促进谈判的进展，避免陷入僵局。

实例3：马克杯项目的成交

以我过去的一个 case（案例）为例，我要采购 100 000 个马克杯出口美国。这个时候跟工厂谈判，我的心理价位是 FOB 0.5 美元，20 天交货，出货后 30 天付款。工厂接受 0.5 美元的价格，但交货时间需要 45 天，付款方式要 30% 定金，剩下部分见<u>提单复印件付款</u>。

工厂有工厂的原则，老板要求的付款方式是 30% T/T，价格最低是 USD 0.5/pc，交货期是 45 天。我有我的原则，价格我希望控制在 USD 0.5/pc，交货期要 20 天，付款方式我们常规做 O/A 30 days。

那谈判的焦点在哪里？一是付款方式，二是交货期。如果供应商过于坚持原则，坚持这两条，除非他们的产品找不到同类供应商，否则就很难让谈判进展下去。怎么办呢？当然是接着谈，了解对方的情况，看哪些地方是可以商量，可以让步的。

工厂这边，我特别拜访过，了解了他们的产品，增强了信心，也知道他们坚持付款方式的原因是由于第一次合作，对我们还不了解，比较担心我们的信誉。他们的老板比较实在，也同意以后逐步考虑跟我们做远期付款，但第一单就放账实在不太安全。另外交货期方面，他们最近有很多订单，都排得比较紧，保守估计最终出货需要45天。

那有没有谈判余地呢？有。虽然我不能付定金，但是我可以考虑做即期信用证，工厂可以凭信用证向银行做打包贷款，这样在付款上会减少他们的顾虑。那他们是不是会在交货期上退一步，重点先做我的订单，保证20天的交货期呢？他们老板说有点困难，但会尽力，但是订单上只能写25天，不能写20天，以免到时交货有困难，留几天的余地。

OK，就这样，大家各退一步，最终达成共识，订单成交。

看到这里，有些朋友也许会问，那究竟哪些原则必须坚持，哪些是可以变通的呢？我的理解是，不危害公司声誉、信用和资金安全的都可以变通。规矩是人定的，自然会有例外。即使是世界纪录，也是被人打破的，一成不变是不能适应这个时代的。

毕竟每个客户的实际情况都不一样，很难根据每个供应商来改变自己的一些制度。而当前的买方市场又使得供应商不得不变通，在某些条件上做出适当让步，从而达到最终的成交目的。

第五节　避免对未完成的承诺做过多解释

做生意要履行承诺，做生意要讲诚信，做生意要勇于承担责任，我刚进外贸行业的时候，我的上司就这么告诉我。这些是基本的守则，也是大家工作中都要遵守的行为准则，也可以理解为职业操守。

但是实际工作的时候，会发生各种问题和突发状况，使得这种承诺有的时候会完成不了，或是打点折扣。这个时候客户肯定会抱怨，会抓狂，会很不客气地给你写 E-mail，甚至向你的上司投诉。

这个时候，如何告诉客户实际情况就成了一个很令人为难的问题。因为一个"没处理好"，客户就会索赔；一个"没处理好"，客户就会取消订单；一个"没处理好"，就会失去这个客户。

因此，不管是新人还是老业务员，这种状况总是最令他们头痛的。

 实例4：效果最好的解释

假设客户下了一批手机的订单，要求 45 天交货，当时你也答应了，但是快交货的时候你发现这订单完不成了，估计还要 14 天左右。怎么办？

我曾经用这个问题问过我的助理，她的答案是，淡化客户对我们的指责，解释当前情况，并要求延期。当时她的邮件是这么写的：

Dear Jeff,

I'm so sorry to inform you that the goods cannot be shipped on time. Because we are so busy at the past month. And we met the electricity shortage problem.

Please help to allow us 2 more weeks to ship the goods. Thank you!

Regards,
Stella for C

我看了以后就告诉她，这个邮件绝对不能这样写，不能告诉客户具体的原因是我们太忙了，我们这边限电，因为这些不是理由。客户会问你接订单的时候为什么不告诉他这些情况。他会觉得你不重视他，会觉得你为了接订单有意隐瞒一些东西，会觉得你不是个 honest guy（诚实的人）。

然后我直接写了一封邮件给客户，同时抄送给我的助理。邮件如下：

Jeff,

Sorry to inform you the goods will be delayed 2 weeks. The ETD will be Apr. 15 th then. We will try our best to deliver the goods as quickly as possible.

Tks & B. rgds,

C

直接一句 sorry 就够了，表明是我们的错误导致了延期，不用解释太多，否则会越描越黑。一般的客户知道订单要延期，总是会希望你尽早交货，而不会去关心为什么延期。过多的解释反而容易让客户觉得你是在找借口，在推卸责任。

其实不管为什么，至少客户把订单下给你，你承诺会按时交货，结果延期了，那就是你的责任，说 sorry 是应该的。所以写这类邮件，要少用 because 之类的解释性语句，避免进一步刺激客户。最好的解释就是不解释！

只有一种情况例外，就是遇到不可抗力的时候，比如台风、地震、海啸、火灾之类等非人为因素，这时需要跟客户做详细的解释，并给出证据。

另外，当承诺没法兑现的时候，除了说 sorry 外，如果能给一些 extra（额外）的补偿，比如答应给客户降价2%，或者在出货的时候多给客户一批免费的配件等，会让客户更加高兴，他的心里也会好受一点，觉得你是个 reliable person（可信的人）。

第六节　学会倾听对方的需求

相信很多人读过日本经营之神松下幸之助的传记,他曾用一句话概括自己的经营哲学:首先要细心倾听他人的意见。

不仅要倾听,还需要细心倾听,在听的过程中要有所收获,要琢磨对方的话,要体会每句话背后的深意,要根据对方的意见来分析自身的情况和不足,这样才能有的放矢。

很多人在展会上见了客户,聊了几句,报了价格后就没下文了。试问,你是否真的了解客户的需求?你知道客户喜欢什么产品?什么设计?什么包装?什么颜色?如果客户给的信息很少,你的建议是否得到他的认可?他有没有comments(意见)或其他特别的要求?有没有一些很忌讳的地方我们绝对不能做?还是他对你的建议都不怎么感兴趣?

客户是上帝,这句话大家都会说,但做起来就没这么容易了。要了解客户的需求,其实是很困难的。因为你不是客户,没有他这么了解目标市场,那就必须倾听他的每句话,尽可能掌握多的信息,琢磨对方的真正需求。

特别在谈判的过程中,千万不要不懂装懂。不明白的地方就要及时提问,有礼有节。听不明白的单词也可以请客户重复甚至详细解释,这都是正常的,用不着不好意思,明白就是明白,不明白可以请客户解释。不要客户说什么,自己都点头,其实只了解了个大概,很多细节不明白。真正报价的时候,客户就会纳闷,怎么跟我当初要求的不一样?你们当时有没有听我讲?有没有尊重我?

看,这样一来,矛盾直接升级到人格尊严层面。如果让客户为此生气,是不是很不值得呢?

实例5：只说不听会错失很多

我曾经陪一个荷兰客户去拜访一家上海的大贸易公司，公司老板很热情，英文也不错。在他样品间参观的时候，他滔滔不绝地推荐他的产品，哪些产品在欧洲卖得不错，哪些产品是荷兰某某公司买的，哪些产品是荷兰另一个大进口商买的，哪些产品是新的荷兰大客户采购的……我在旁边不说话，客户也只是微笑着点点头。

后来离开的时候，那个老板问客户对他们公司印象如何，对哪些产品感兴趣。客户说知道他们公司规模很大，也跟很多大客户合作，挺好，他也挺满意，感谢那个老板的招待。但老板一直都在介绍现在的客户，却没有问过他到底要买什么。

所以问题来了。我们在展示自己专业和实力的同时，也绝对不能忽视倾听客户的需求。客户可能没说，但你可以问，比如，您平时采购哪类产品？大致在哪个区域采购？您的目标市场是哪类消费者？只要不涉及商业机密，或者太多的敏感性问题，一般客户都会很乐意回答的。如果你能在客户介绍自己的同时不吝赞美几句，往往更会有意想不到的效果，从而拉近彼此的关系。

这个"听"，不仅仅是面对面的时候听对方讲话，而且还要在通过邮件往来的时候从字里行间去"听"客户背后的意思。

 实例6：邮件背后的深意

我的助理曾经在展会上接触了一个法国客户，双方谈得很投机，客户对我们公司的一款吸尘器很感兴趣。回深圳以后，她第一时间给客户写了邮件，做了完整的报价单，也寄了样品给客户在香港的 buying office（采购办事处）。

但是接下来几个月就再也没有消息了，邮件发过去如石沉大海，打电话去法国没人接，他们的香港办事处也不知道具体的原因。

终于三个月后，法国客户回了封邮件过来：

Dear Stella,

Thanks for your support in the past. I'm sorry to inform you the pricing is far from our budget, and we finally decide to stop and close this case.

Pierre

我助理告诉我,这个机会没了,价格远远超过了客户的预算,客户已经决定结束这个项目。

我看了邮件后告诉她,她没有了解客户真正的需求,没有"听懂"客户这几句话背后的意思,只通过字面意思去想象,未必准确。第一句感谢我们过去的支持,说明客户不仅礼貌,而且对我们印象不错。第二句说价格远远超过他们的预算,所以最终决定停止这个项目。那问题来了,如果价格不超过他们的预算,是不是还有继续的可能?

我跟工厂讨论了以后,换了个方案,继续给客户回复:

Pierre,

Thank you for your kind mail. Per my understanding, pricing is the only problem. I have discussed with the factory, and the price could be reduced roughly 20%, if changing the power and two parts inside.

Attached the comparison list for your reference. We sincerely hope to go ahead for this program.

Best,
C

这封邮件一过去,客户果然很感兴趣。虽然产品的功率降低一点,换了两个配件,但是外形完全一样,功能也没有太大差别。他立刻就要我重新准备样品确认,后来下了这个订单。

所以说,很多时候要多想、多琢磨客户的话,不要听个一句半句就觉得自己明白了，结果做下去发现跟客户的要求不同。要学会做一个好的倾听者，不但让客户觉得你明白他的需求，而且你自己还必须真的明白。

第七节　注意基本的礼貌

说起礼仪，中国人应该是最有话语权的。从夏商时代的专门礼仪记载，到周公制礼、孔子论礼，几千年前礼仪就已深入国人的日常生活。

中国人自古以华夏自称，却很少有人知道这两个字的真正含义。华者，衮服之美；夏者，礼仪之大。

我们做外贸，其实还是人与人之间的接触，只不过这种接触很多时候跨越了国界和文化，而且邮件的接触比电话及面对面的接触更加频繁。

写邮件和当面聊天不同，没有对方的影像，没有声音，看到的都是冷冰冰的文字。你想要表达的意思和对方看文字理解的意思未必是相同的，或许还会南辕北辙。所以表达的时候要尽可能小心和委婉，有的时候一句简单的 thank you，一个普通的 please，一个抱歉的 sorry，都能让客户感到温暖。

这些都是基本的礼貌，不是为了迎合对方，只是希望对方读你写的东西，心情能愉悦一点，能愿意花一点时间认真看下去。就算是合作不那么愉快，也不会因为邮件的表达生硬而火上浇油。不费事、不费力、不费钱，只是用几个能让人舒服点的单词而已，惠而不费，何乐而不为呢？

所谓良言一句三冬暖，你尊敬对方，对方也尊敬你，这是相互的，何必要牛气哄哄，非得让对方看了你的邮件后一肚子火，你才高兴吗？

从我在外企工作开始，就跟很多国内的贸易公司和工厂打交道，这种感触特别深刻。曾经有一次向工厂询价的经历就不怎么愉快。

实例7：不愉快的经历

那是 2009 年的 4 月份，我刚从美国回来，在展会上看到一个新款的工作灯非常漂亮，于是拍了图片，打算回来找工厂谈谈，开发一个类似的产品在我们美国的门店销售。以下是我当时的询价邮件：

Dear sir,

Glad to know that your company is an expert for work light. Please find the picture with specification in attachment, for the new model I found in US. Could you help to develop a similar model for us? Please kindly estimate the moulds building cost with unit price.

Thank you in advance!
C

结果一个多礼拜没有回复，不知道是没兴趣，还是没法做，反正一点消息都没有。其间我根据他们网站上留的电话打了几次，却始终没人接；跟进了三四封邮件，也没人回。

最后电话终于打通了，一位男士接的，听我说明来意后，马上问我下多少订单。我解释这是我打算开发的一个新项目，我们是美国的超市，希望在国内生产一款类似的产品在我们北美 90 多家门店销售……

话没说完，他马上就说了句"你的邮件我刚看了，订单都没有，谈什么谈"，立马就挂了。

我也没有再打过去，不管这工厂怎么样，产品如何，这些都不重要了，因为对方的无礼，让我直接感觉到对方欠缺诚意。那又何必继续读下去呢？

后来我找了东莞的一家工厂，他们做了模具，产品很成功，在美国的销售也不错，两年内一连下了 7 轮订单。

我举这个例子，只是想说明一个问题，很多客户也是很感性的。当你恶语伤人或者不怎么友好，即便你的公司或者产品再出色，他们都未必愿意继续谈下去。

不管是打电话也好，写邮件也好，当面接触也好，最基本的礼貌是必须做到的。如果连这个都做不好，又何谈其他呢？

成功的生意人，往往都是彬彬有礼的，很少会出言不逊。他可以不跟你合作，可以不同意你的观点，但说话做事总是客客气气的。因为做生意和气生财，生意不成仁义在，没必要弄得大家不开心，不是吗？

在不久的将来，我真心希望这种情况能够在我们国内的贸易行业中消失。当我写邮件询价的时候，会收到礼貌的回复，即使不能在第一时间报价给我，也会有诸如"Thanks for your inquiry""Will check and give you reply in 3 days"之类的回答。当我打电话给供应商的时候，会有诸如"你好，我是某某公司的谁谁谁，欢迎您来电，请问有什么可以帮你的"之类的问候，而不是"你是谁？你找谁？你有什么事情"这类让人听着就不舒服的问题。

这样大家都会很舒服，会通过外贸这个行业使得人与人之间并不那么疏远，不那么冷漠，彼此之间和谐共处，不是很好吗？

即使在某些场合下，客户可能对你不友好，也可能会出言不逊，但是你未必就一定要还击。出一口气容易，但是骂几句能解决问题吗？只要不触犯自己的原则，就应该保持礼貌、保持风度。

布袋和尚的《插秧诗》或许能给大家一些启示：

手把青秧插满田，低头便见水中田。

六根清净方为道，退步原来是向前。

本章小结

本章罗列了订单开发过程中必须注意的七大问题，主要说明在前期谈判过程中，客户的第一印象、业务员的专业性和自身素质显得非常重要。

只要做好相关工作，对细节把握到位，从大局出发，避免在某些问题上过多纠结，为进一步谈判做好准备，那前期开发的目的就达到了。

第四章
五步打造"完美"报价单

通过前期的开发信、展会上的客户抑或B2B（Business To Business）的询盘，就会逐渐有客户开始找上门。有了解你们公司的、寻求合作的、想上门拜访的，等等。但最重要的一点，肯定有客户来询问价格和产品详情，就是我们常说的询盘（inquiry）。

从这一步开始，才真正进入谈判的实质阶段。那报价怎么报呢？一般情况下有两种方式，一种是直接在邮件正文里注明价格和相关参数，另一种就是制作报价单。大客户、专业客户和很多中小客户，都是需要报价单的。报价单不仅能使人看起来一目了然，而且也可以将很多信息统一在一起，比较容易参考比较，并做出选择。

报价单说起来容易，做起来却很难。因为不仅要清楚表达相关信息，抓住对方眼球，还需要注意各种细节，避免一些低级错误。不仅要让客户接收到尽可能完整的信息，还要让客户觉得你是很用心在做这件事，那就可以了。仔细一点、认真一点，总是没错的。

所谓磨刀不误砍柴工，准备工作充分一点，考虑问题全面一点，才会有更多的机会来争取客户。报价单无所谓完美不完美，这个问题见仁见智，每个客户的喜好和审美观都不同。但是我们要尽量考虑周全，对细节近乎苛刻地把握，这样才能把事情做"完美"。

笔者总结了报价单的五个相关要素，罗列如下，供大家参考。

情报第一

兵马未动，粮草先行。

做任何事情，都要尽量谋定而后动。先做好准备工作，手中掌握的信息越充分，就越容易做出准确的判断。中国人常说"谋事在人，成事在天"，这第一步，自然是利用各种信息积极谋划，才有成功的可能。

比如报价，如果不知道客户的公司规模，不知道客户的企业性质，不知道客户的目标市场，不知道客户的销售价格，不知道客户从事的行业，不知道客户过去的采购渠道，不知道客户的市场策略，试问，这样的报价怎么能赢得客户的心呢？就像赌博一样，随机性太强。

所以做准备工作的时候，必须好好研究客户的公司背景、资金实力、预期采购量和年采购量、目标市场、海关政策、进口关税、市场潜

第四章　五步打造"完美"报价单

力等,然后做出综合评估,找到方案和切入点,再做出"准确"报价。

请注意,"准确"两个字我加了引号,并不是指价格低,也不是指价格合理,而是报价要为客户量身定做,对不同的客户采用不同的方案,要有针对性,要字里行间体现自己的专业和公司的优势。只有这样,才能引起客户更大的兴趣。

所以,在报价之前,这些准备工作,是偷不得懒的。

图片第二

报价单里面最最重要的,不是内容,也不是价格,而是一张好的图片。

图片相当重要,拍摄的角度、光线,图片的大小、色调、尺寸等都很有讲究。因为一般来说,客户打开报价单第一眼看到的就是图片,其次是价格,然后再随便看看描述和外箱资料等。如果还有时间,才会看看其他内容。

图片是直观介绍自己产品的武器,这个武器用好了,在外贸过程中是无往不胜的。很多供应商在报价这个环节输掉,往往不是输在产品上,也不是输在价格上,而是输在图片上。一张图片没有给客户很好的印象,没有给你们公司加分,甚至是扣掉了印象分,对整个开发过程来说是致命的。

假设我的产品是 60 分,通过准确的报价单、详细的描述和各种细节的把握能把印象分打到 80。如果再加上一张精美、专业的图片,甚至直接可以冲到 120 分,给客户留下很深的印象。

<u>一张好的图片往往胜过很多段文字描述,因为能给人实物感,而不是空洞的描述</u>。图片不一定要包罗万象,但是要让客户从图片中得到他想知道的大部分要素。比如说,我们做一个杯子,我拍一张精美的实物照片,可以看清楚杯子的颜色、光泽,有处理过的背景,不会有反光。杯子的重量尺寸、上下底的直径在图片上都有箭头和详细标注。插入图片之前,还要给图片修边,控制图片尺寸大小。有必要的话,还要单独拍摄包装图片、外箱图片,然后合成在一张图片里,让客户可以一目了然。

做到这些，才能算是把图片做得比较好了。因为一个报价单里，对于一款产品的报价并不只是一张图片，也可以是 photo group（图片组），这招跟开发信的中级阶段是一个道理。可以通过一系列图片，给人很直观的印象，使人一下子就明白了图片里包含的所有信息，这样再加上文字的补充，就不容易有很大的误解，至少也能把误会降低到最低点。

价格第三

我把价格排在图片后面，是根据大部分客户的习惯来做的。

一般来说，点开一份报价单，第一眼看到的或者选择去看的一般都是图片，然后紧跟着就会去看价格，接着再看其他东西，如果还有必要的话。

如果没有图片，或者没有好的图片，价格就会显得很空洞，很难有强大的说服力。所以在我看来，这两个问题是一而二，二而一的。

根据我的经验，如果图片不够好，价格又相对较高，即使内容很丰富的情况下，客户也未必有时间和兴趣去看报价单里的详细描述，估计就直接关掉，点开别人的看了。

人都是主观的，很多时候看到一个产品的图片，就会在脑海里有一个印象，这东西不错，或者这东西给我 cheap item（便宜货）的感觉。如果这个供应商的图片没拍好，会让我觉得他的东西很劣质，如果再有很高的价格，估计我连详细描述都不会去看了。即使他东西很好、品质出众、通过了多种测试等，但使我没有兴趣认真看下去，就会很冤枉地被淘汰了。

另外，报价要准确，不能太高，当然也不能报低了。在做好前期调查工作的前提下，准确地报价就很重要了。根据商业惯例，报价出去就相当于发出一份"要约"，一旦对方确认，合同实际上就已经成立了。这个时候如果跟客户说"对不起，我报错价格了"，客户会怎么想？就算不认为你出尔反尔，也会觉得你的公司没什么信誉可言。<u>所以，价格的核算要考虑到尽可能多的信息，要考虑到汇率问题，还要考虑到原材料的市场状况和人工成本的情况。</u>

如果原材料价格很大，或者汇率近期内不稳定，为了维持报价有效期、保持自己的诚信和专业，那就有必要在 REMARK（备注）里加注"附加条款"。比如这个价格基于原材料的哪个价格区间，当原材料浮动超过多少个点，我们需要调整价格；报价还基于人民币和美元之间的哪个结汇点上，如果汇率浮动超过多少个点，我们也需要调整价格，等等。只要把这些影响价格的因素事先考虑进去，放在备注里，一旦你到时涨价，只要有理由且事先告知，客户就算不高兴，也不会觉得你不专业，没法抓你把柄。

根据我的习惯，我平时给客户报价，一般都会把有效期延长到 1 年甚至更久，这样客户有充分的时间来做市场方案以及安排采购计划。因为客户很忙，没时间经常为了价格跟你 bargin（讨价还价），如果价格报过去了，有效期很短或者不写有效期，客户跟终端客户商量了几个月，最终准备下单了，你又告诉他"对不起，我们要调整价格了"，客户会崩溃的！

内容第四

除了图片和价格外，剩下就是内容了。

一般来说，内容尽量要丰富，要考虑到客户需要的各种信息。如果客户是中间商，要和他的终端客户讨论，那完整的 description（描述）和外箱信息、测试、备注等都相当重要。因为内容不够，客户可能就没法进展下去，也有可能和你的同行进展下去。在这个时候，不能偷懒，还需要换位思考，如果你是采购商，你需要掌握哪些资料？

如果你卖的是电磁炉，你的目标客户是美国人，那一般来说，应该好好检查一下自己的报价单是否包含以下内容：

品名、货号、尺寸、重量、功率、功能、材料、认证、测试、是否有第三方报告、能否过 drop test（摔箱测试）、产品使用年限、包装资料、毛净重、体积、装箱量等。

要尽量把内容补充完整，要让客户看了以后不仅没有这方面的问题可问，还觉得你解决了他很多不知道的问题，给了他很大的帮助，这才是一个训练有素的销售人员需要做的。

千万不能像挤牙膏一样，什么事情都不说，都要别人问。客户问一句才答一句，效率就太低了，也会影响到客户对业务员的印象，甚至导致直接终止合作。

细节第五

不管写开发信也好，谈判也好，业务过程中的各个环节，我都在强调"细节"的重要性。在外贸行业里，一个订单的成功可能是运气，但连续的成功就必须归属于业务人员和业务团队的专业性。要做到专业，对于细节的把握就必须精益求精，甚至苛刻。

没有人天生很仔细，也没有人天生就很懂客户，都是靠后天的努力和不断的摸索来提高的。日本人很注意细节，所以在亚洲国家里，日本公司对于产品和过程的把握就近乎苛刻，这为他们赢得了良好的声誉。国内的很多工厂都喜欢请日本人来管理，就是看中他们对于生产过程中细节的把握，无形中就提高了工厂和产品的层次，更容易赢得客户的赞赏。

在我看来，报价的时候，对于细节的把握最考量一个业务员的个人能力。比如图片要控制多大？报价单是不是把打印区域设置在一页里？客户能不能打开你的文件格式？应该用什么样的字体？段落和颜色怎么设置？如何使客户不忽视里面的重要内容？如果价格根据不同数量有巨大差异，报价单里怎么体现？多个产品的报价如何整理？

如果这些细节都能够很好把握，随手就能做出一份漂亮、简洁、准确、美观的报价单，这样就称得上专业了。

上面的五点是报价时必须注意的，缺一不可。尤其对于新客户的开发，如何抓住对方的眼球，报出合理准确的价格，是吸引客户的关键。而且字里行间要不断体现自己的专业，让客户情不自禁地赞赏，觉得你远远比你的同行 professional （专业），你就已经在谈判中抢占先机了。

两强相争勇者胜，两勇相争智者胜。那两智相争呢？就看谁更专业，谁对细节把握更好。要让客户感觉到你的努力，感觉到你的专心、专注和专业。

下面是笔者制作的报价单范例。

第四章 五步打造"完美"报价单

图表：QUOTE FORMAT

LOGO		QUOTE SHEET	
Quote date：		Quote valid date	
Company：		Customer：	
Current contact：		ATTN：	
Tel：		Tel：	
Fax：		Fax：	
Email：		Email：	
PRODUCT DETAILS			
Product name：		Description	
Item No.：			
Quote category：			
Material breakdown：			
Certificate：			
Testing issue：			
3rd party factory audit：			
MOQ：			
Country of origin：			
Port of loading：			
H.S. code：			
Tax refund：			
PHOTO DETAILS			
photo 1		photo 2 (if needed)	photo 3 (if needed)
PRICING DETAILS		PACKAGING INFO	
FOB price：		Sales packaging：	
Last quote price：		Weight：	
Import duty rate：		Packaging size：	
Duty surcharge：		Inner pack：	
Estimated Ocean rate：		Master carton pack：	
Estimated transloader fee：		Carton dimensions：	
Handling charge：		Master CBM：	
Tooling cost (if needed)：		G.W.：	
Tooling surcharge per pc：		N.W.：	
C&F price：		Q'ty/ 20', 40', 40'HC：	
Estimated loading price：		Alternative pkg：	
Suggested retail price：		Pkg remark：	
ADDITIONAL COMMENTS & REMARK			

本章小结

报价单是很难回避的一个问题，很多时候报价单做得如何，直接影响客户对一个业务人员的观感。这种印象很重要，尤其是对于没有直接见面的客户，邮件、报价单都会直接影响客户的判断。很多时候业务员一偷懒，客户可能就会觉得这个人不专业，或者这个公司不行，业务员就会失去许多宝贵的机会。

所以，制作报价单必须细致，要注意细节，要考虑客户可能会关注的一些东西，比如图片，比如价格，比如包装，比如体积和装箱量，比如 HS 编码，比如进口关税，等等，不同国家又会有不同的侧重点。如果在一封报价单上，能让客户一眼就感觉到你们很专业，你们很了解他的市场，客户怎能不对你们有一个好的印象？

第五章
如何谈判有妙招

在整个出口开发环节中,谈判是所有问题的核心。任何项目都不是简单确认的,都需要谈判甚至反复的磋商。价格也好、交货期也罢,或者对于供应商的选择、付款方式的协商等,都离不开买方和卖方之间的谈判。有的时候,这中间还要牵涉到第三方公司或机构,一些进口商、代理商和中间商会免不了加入进来,就使得谈判过程变得更加复杂和艰难。

而当前的国际形势和供求关系,供应商和采购商之间的信息不平衡,以及国内越来越严重的同质化竞争,人民币升值和各种成本上涨带来的冲击,使得出口行业的形势愈加严峻,竞争十分激烈。

这里,价格谈判就不免会成为出口企业绕不过去的一个坎。如何把握好这个度,有什么好的方法和技巧,就变得至关重要。

第五章 如何谈判有妙招

第一节 价格——谈判的重中之重

做外贸的朋友都知道,谈价格是谁都绕不开的环节,跟供应商需要谈价格,跟客户需要谈价格,跟货代、船公司、快递公司同样需要谈价格。总之,价格在外贸环节中是无法回避的,尤其是跟客户之间的价格谈判。因为双方文化背景的差异、信息的不对称,以及如今买卖双方地位的严重倾斜,使得很多新手最怕跟客户谈论价格问题,生怕"见光死"。同时面对客户的砍价变得无所适从,最终不是把订单做亏或者维持极低的利润,就是失去订单甚至失去客户的信任,并最终失去这个客户。

尤其是对于新接触或初次询价的客户,因为双方并没有实质性的接触,也没有以往的订单作为铺垫,客户对供应商的选择会变得更加谨慎,一旦发现有问题,客户会立刻终止谈判,转而与老供应商接触,或选择其他新供应商。这其中的"问题"的核心,就是价格谈判!客户联系你为了什么?想买东西。买东西之前要干什么?问价格。这个几乎是外贸行业的惯例了。如今已经不是商品稀缺的时代,那时你有东西就可以随便卖掉,目前的情况正好相反,中国的工厂严重产能过剩,在内需无法消化的情况下不得不通过大量的外销,让国际市场消费掉这么多的产品。而且现阶段是一个买方市场,买方掌握主动权,这是由供求关系的变化引起的,也是未来一定时期内国际外贸的主要形势。

朋友们看了前面的内容,已经知道或多多少少地了解了一些开发信的写法和需要注意的地方。但你是否知道当你写好开发信,成功接触到目标客户后,下一步该做什么,答案就是询价与报价,还有一轮一轮的价格谈判,这是没有办法回避的问题。就好比去买衣服,你会不会不还价?我想很多情况下不会。你一般会问:"这件衣服多少钱?"(这是你初次询价。)店主说:"480块。"(这是她初次报价。)你说:"太贵了,便宜点!"(这是你第一轮砍价。)店主说:"我的价格已经很好了,这样吧,你诚心要买,那450块吧。"(这是她第一轮让步。)你说:"还是太贵了,你就让这么一点,这个价格我没法接受的。"(这是你第二轮砍价。)店主说:"好吧好吧,我最多不赚你钱了,420块,你拿走吧。"(这是她第二轮降价。)你说:"这样啊,那我先试穿一下吧。"(这就是你在确认样品了。)当你试穿过以后,你说:"还行,但是肩膀这个地方不是很舒服。"(你在挑问题,其实是希望砍价。)店主说:"这个是这样的啦,我们的设计比较独特的,你可能一下子不太习惯,这个不是问题的。"(她希望把衣服推销出去。)你摇摇头:"还是算了吧,价格太贵了,肩膀这地方也不太舒服,我再看看吧。"(你作势要走,其实是希望在谈判中占据主动。)店主连忙道:"那我再给你打个折吧,一口价380块。"(因为你故意找问题,她只能主动降价。)你准备走出店门,说:"我先逛逛,晚点再决定吧。"(你抓住店主急于成交的心理,以退为进,目的是砍下更好的价格。)店主急了,立刻说:"这样吧,你说个价钱,我能卖就卖,不能卖我也没办法。"(这是店主希望你给出目标价。)你故作思索,然后说:"200块我就买,反正也不是太喜欢,无所谓啦。"(你给出目标价。)店主说:"这个价格我要亏的,进价都不够呢,你再加点吧。"(她不答应你的目标价,希望涨一点。)你摇头拒绝:"那就算了吧,谢谢你。"(你坚持目标价,否则就不下单。)店主最后说:"好吧好吧,拿去吧,我亏就亏一单了,以后再照顾照顾我的生意吧。"（无奈接受目标价，尽管利润很低，但是为了长久合作的希望，还是答应了。）

大家看，这个例子和做外贸是何其相似？无非就是讨价还价，确认样品，然后抛出目标价，找到成交点。也许有朋友会说，我都是去专柜买东西的，她们不降价。OK，那我问你，你会不会问一句，你们有没有打折？做会员卡要什么条件？更何况，即使在大厦里、专柜里，也是可以打折的，一般店长和老板都有决定的权力！2008年经济危机的时候，香港那些奢侈品店不是照样打折？法国、美国的名品店里同样在 ON SALE（降价销售）。原因就在于订单，只要订单量锐减，价格就不得不重新调整。

所以，在大多数情况下，价格是影响订单和成交的一个重要因素。

第二节　破解价格的神秘

那究竟什么是价格呢？它为什么有这么多的奥妙，这么让人难以捉摸，让人又爱又恨？

从政治经济学角度来看，价格是价值的货币表现，同时价格的波动是由供求关系所引起的。

这样就很清楚了，价格由两个因素决定：一个是价值，一个是供求关系。供求关系大家都容易理解，那什么是价值呢？是传统意义上的成本加上利润吗？我觉得不是。Hermes（爱马仕），CHANEL（香奈儿）和 LV（路易·威登）的包为什么卖那么贵？因为品牌和奢侈品的号召力，而且在流通市场上有保值和升值的潜力。德国的 Benz（奔驰）和 BMW（宝马）呢？因为一流的品质、良好的口碑和德国人的严谨。比利时和瑞士的巧克力呢？因为悠久的历史、出众的手工工艺和特别的口感。SONY（索尼）的电子产品呢？因为日本人的细腻、稳定的售后服务和对细节的苛求。APPLE（苹果）的 MacBook、iPhone 和 iPad 呢？因为酷炫的外形、独特的设计和超前的产品体验。Armani（阿玛尼），Versace（范思哲）和Zegna（杰尼亚）的西装呢？因为一流的剪裁、精细的做工和顶级的品牌。还有中国内地这几年像坐火箭一样飞速上涨的房地产呢？真的是房子品质好得很，值几万块一平方米么？不是，成本放在那里，且只有70年使用权而已，更多的是泡沫和人们对未来升值空间的预期。

这些看明白了，大家就会发现，原来价值除了成本和利润以外，还跟品质、品牌、服务、口碑、工艺、外形、设计、细节、未来升值预期等因素相关，这些我把它们称为附加值。

那现在完整的公式出来了：

价格 = 成本 + 利润 + 附加值

这样表示就很清楚，决定因素有3个，就是成本、利润、附加值。影响因素有1个，就是很难量化的供求关系。

供求关系是外部条件，我们很难去影响和控制，那我们能做的，就是在这3个环节中下工夫。很多供应商忽略了附加值的关系，只会降低成本，降低利润，觉得外贸越来越难做，订单越来越难接，钱越来越难赚，可客户却要求越来越多，条件越来越苛刻，对供应商还很不满意。

原因何在？因为国内大部分的外贸企业都没有特别强的附加值优势，那么，在国际市场上的竞争力就只有成本优势所引起的价格优势！我不否认有些企业有独特的产品，有特殊的设计，有自己的核心技术和专利，有很大的工厂和强大的生产能力，等等。但是在以上条件都不具备的情况下，那价格谈判的好坏就直接决定了你的利润，甚至能不能拿下订单。

另外，西方经济学的供求理论也很难适应现代社会。因为如今已经进入产业链条时代，简单的供求理论已经不足以解释和影响价格变化，牵涉的因素变得越来越多，定价权更多会由"软三元"来决定，所以终端销售的价格很复杂，附加值远远大于成本和利润的基础构成。在本书第九章里，会单独针对"软三元"和大物流环节做出简单的阐释。

第三节　价格谈判背后的五大因素

对外贸业务员特别是新人来说，如何报价，如何和客户谈价格，成为一个无比重要的话题！下面我从五个方面分别论述，谈谈价格谈判背后的五大因素。

一、报价前的准备

中国人有句话叫"台上一分钟，台下十年功"，所以准备工作非常重要，不仅对产品要做好准备，对客户、对整个行业的调查和研究同样需要准备。

当你收到一个客户的询价，你首先要做的就是认认真真地研究对方的询价邮件，了解客户的具体兴趣所在，推测他们的真正需求，才能有的放矢、有针对性地给客户准确报价。每个客户的询价都不同，回复的邮件肯定也不同。如果你使用模板，每封询价都是千篇一律的回复，那我告诉你，捕到鱼的可能性很小。

因为外贸的行情和原材料是不断在变化的，必须在了解相关市场的情况下给出合理的报价。我指的合理，是你评估对方的市场、预期的订单量、客户的潜力后所给出的一个你觉得适合这个客户的价格！说起来似乎很复杂，但稍微细心一点就可以通过一些细节来得到你要的相关信息。这和前面章节里的"情报第一"说的是同一个道理。但是这里更加广义，不仅包含报价单，也包含价格谈判的环节。

举个例子，你是一家广东的贸易公司，专门出口户外用品，今天收到一份询价，是一个美国进口商要订购 30 000 把沙滩椅，让你报价。这个时候你的第一反应，就应该是要进一步了解以下几个方面的问题：客户是不是专业做户外用品的？他原先采购些什么东西？以往有没有采购过沙滩椅？这个客户的潜力有多大？这款产品一般在美国卖什么价格？平时别的客户的采购价大致多少？我的同行可能会报出什么样的价格？有哪些可能影响价格的细节问题要注意？什么样的包装适合美国市场？你的供应商给你的价格算好吗？在国内同行里算哪种水平？甚至还有可能衍生出一系列的问题，都是当你收到询价后，立刻要准备和仔细研究思考的。

如果你收到客户的邮件，首先想到的就是以上的这些问题，而且能知道大致情况，并对不懂的东西主动去寻找答案，那恭喜你，你已经是一个老手了，这篇东西不适合你。如果还不能完全做到这些的，希望你认真看下去，很多东西会是你暂时没想到或者是平时忽略的，但往往正是这些地方决定了最后的订单归属。

回到刚才那个例子，如果你已经大致了解了情况，看了客户的网站，心里觉得有点底了：这个客户是一个美国进口商，主要的市场就是美国东部的一两个州，30 000把沙滩椅的量虽然有点大，但是以美国市场的潜力还说，也算靠谱；他不是专业做户外用品的，网站上有很多产品，采购的种类很杂，应该是杂货商；以前有没有采购过沙滩椅很难判断，因为他网站上没有，只看到吊床和钓鱼凳；至于包装，美国人一般都喜欢涤纶布的背包袋；我的供应商在浙江，价格还算不错，同行当中算偏低的……

这些信息你都了解以后，那报价前的准备可以说差不多了，接下来的步骤就是要给客户报价了。

我还想补充一点，如果根据你的前期分析，发现客户的询价有很大的水分，那你报价的时候就要特别注意！我再举个例子，同样是沙滩椅，一个冰岛客户来询价，要100 000把沙滩椅，说要卖本土市场。那很容易就判断出这完全是在扯淡！因为它的市场、人口和地理环境决定了这根本不可能！很有可能是客户为了用一个很大的量来榨出你的底价，然后再减小订单量，找到最好的成交价格。如果他用10 000的量来压你，你一开始就报出底价，只保留3%利润。但后来客户跟你讲要先下个trial order（试单），大概2 000个，要你维持价格，你肯定不同意。但因为客户已经知道你的底价，你又不想失去客户，结果几轮下来，你只把单价提高了3%，整个订单只有6%的利润。这个时候你会很郁闷，只能怪自己没把价格谈好，结果变成了这样的鸡肋订单。客户就很高兴，他在谈判中取得了最大的胜利！

我举上面这两个例子，只是希望告诉大家，前期工作是非常重要的，有时甚至起到了谈判的关键作用，千万不能小看，也不要一接到询价就盲目报价，不是砍死客户，就是砍死自己。

二、对产品和行业的专业

什么是专业？是了解产品工艺和价格构成？是了解整个行业现状和产业布局？还是了解产品在国际市场上的销售情况和未来发展趋势？我觉得都不全面，对于外贸人员而言，专业体现在一个人的个人素质上，进一步说，就是客户对你的感觉。他觉得你专业，你就很专业。再说的直白一点，就是只要你比客户多懂一点，比同行多走一步，你就是更专业的！客户会有比较，怎么比？无非就是拿你的同行当参照物，谁让他感觉更懂一点，谁就更专业。

这一步，说起来是容易的，做起来却一点都不容易！需要长年累月的积累和对细节的把握。尤其是说话方式和谈判技巧，直接会影响客户对你的主观判断。客户很多时候也是很感性的，他觉得你这人不错，挺专业，进而才会跟你深谈下去，生意才有可能做得起来。反过来讲，如果你给客户的第一印象就是一个新手，什么都不懂，一问三不知，很多东西都需要电话请示，你觉得客户会信任你吗？

比如客户要采购充电电池，你是工厂或贸易公司，你没必要知道锂电池的具体生产工艺和材料配比，因为这些大多数客户也不知道，而且没兴趣知道。你要知道的是，你的锂电池处于哪个价位上，放电时间能达到什么样的标准，跟行业内的几个巨头差别在哪里，价格可以便宜多少，和你的同行相比有哪些优势，等等。这些才是客户直接关心的！如果客户觉得价格高，你有没有可能迅速告知客户替代品的规则和大致价格？这就决定了你能否给客户树立一个"专业"的形象！

客户想买一款工作灯，你们的标准配置是使用 1 000MAH 的 18 650 锂电池。如果客户觉得贵，你是不是能马上准确回答客户，如果把电池更改为 1 000MAH 镍氢电池（NI－MH），价格可以降下来多少？如果客户还是觉得贵，那改为 1 000MAH 镍镉电池（NI-CD），价格又可以降下来多少？你能随时给出方案和建议，准确报出价格，客户对你的印象绝对很好。他会认为，在你的领域里，你是 expert（专家）！

说白了，你不需要像工厂的大师傅那样精通产品，不需要像工程师和技术人员那样熟悉各种参数，你只是业务人员，只要能懂一点点东西，又有能力应付客户，你就已经很专业了！

很多朋友一开始接触不到客户，往往通过邮件回复询盘，或者是主动给陌生人发开发信，那就更要考验你的能力了。能让客户通过邮件就觉得你很专业，这相当重要，直接关系到能否进一步接触下去，能否让客户把你作为备选供应商。

对于初次通过 E-mail 联系的新客户，应该说是潜在客户，那很多的细节就决定了他对你的第一印象：你的邮件是不是简洁有力、没有长篇大论的废话？你的表述是否很专业？你是不是对产品的价格构成很了解？你有没有强调你的优势所在？产品图片拍得好不好？报价单是不是很仔细，同时准确无误提供完整参数和装箱数据……

至于整个行业，你肯定要稍加了解。比如你的产品在同行里面处于哪种层次？价格又在哪个水平线上？你的目标市场是哪些客户？要让客户觉得，你对国际市场行情以及他当地的市场很了解，能够对他有针对性地提出好的建议。

另外还要补充一点，就是邮件一定要及时归类。如果可以的话，最好还要建立买家档案，细化到客户询价的产品，对方的联系人和时间等。因为客户很多时候会漫天询价，或者客户的公司比较大，他们很多买手都联系过你，这个时候你如果能适当点一点，套套近乎，拉拉以前的关系，客户会觉得你很尊重他们，觉得你很专业。

三、效率效率还是效率

效率很重要，相当重要，非常非常重要。

其实效率不仅体现在报价上，对于客户问题的及时反馈、工作的效率、生产的效率、解决问题的效率等同样无比重要！

什么是效率？在外贸这行里，我觉得能在合适的时间里给客户合适的答复，这就是效率！请注意，合适就是合适，不是最快的意思。我并不是说，最快的回复就是好的，要看实际情况来定。不是说客户刚发了一个询盘过来，你一收到，又发现这款产品刚给别人报过价，就立刻转一份同样的过去。还需要考虑一些细节问题。如果他刚发 inquiry（询盘）就马上收到 offer（报盘），会不会认为这只是你们公司常规的报价单，而其实你们并没有好的价格？如果客户要的产品的细节和你的产品又有一点点出入，他会不会觉得你们不专业，不懂产品？

举个例子，美国客户找一款吹风机，功率是 2 300 W，整机 UL 认证。你刚出过类似的货给西班牙，功率是 2 200 W，整机 CE 认证。这个时候你直接把给西班牙客户的报价单转给美国客户，那问题就大了。尽管你可能会认为这只是给他用作参考，因为价格差不多。但是客户会觉得你们没有出口美国市场的经验，否则为什么不给出正确的参数和正确的图片？

所以，并不是说第一时间的报价就是最好的，而是在合适的时候做出准确的报价才是效率。

再举个例子，有位伊朗客户写了一封询价邮件，里面列明了他要找的产品和具体的参数，以及相关图片，这算得上是一封很有价值的询盘了。如果客户在下面注明，Please give us quote before next Monday. 这就很显然，只要你在下周一之前给他准确的回复，那就是有效率。如果实在做不到，延长 1~2 天也是可以的，但最好事先通知客户，让他知道你在帮他做事情，但由于某些细节需要确认，所以整套方案需要某某时候才能有最终答复。这样跟客户保持互动，客户就能知道你具体的进展。最忌讳的就是，客户的询价过来，你这边开始拼命干活，询价、核算成本等，结果一直弄了很久，超过客户限定时间已经一个多礼拜甚至更长，然后再回复过去，很可能的情况就是石沉大海，你先前的工作都是徒劳。

因为零售业的竞争非常激烈，海外买家面临的成本和各方面费用的压力越来越大，所以他们需要供应商的支持，能给予稳定的价格和第一时间的答复，否则客户这边就没法进展下去。所以报价的效率一定要高，接下来的样品、生产、营销、物流等各个环节同样需要高效率。很

第五章 如何谈判有妙招

多常规订单的周期已经由过去的60天缩短到如今的45天,甚至30天或更短。这说明客户对于供应商的效率要求越来越苛刻,所以这个时候,服务尤其重要!效率的问题迫在眉睫!

那怎样回复邮件或报价才算有效率呢?我认为,以下几点是需要注意的:

(1)第一时间给客户答复,能报价就给出准确的报价,暂时不能报价也要给客户答复,告知具体的工作进展和能给出最终答复的时间!

(2)很多时候还需要注意时差,根据国外客户的习惯来回复。举个例子,美国时间跟我们正好相反,如果你早上回了邮件,恐怕你今天上班时间就没法收到客户邮件了,因为他那边是晚上。等你明天早上回公司打开电脑看到客户回复后再回邮件给他,恐怕又要耽搁一天。如果是紧急的事情,这么每天一个回合,实在太慢了。理想的情况是,你早上回复了邮件,等到你这边晚上11点甚至12点再看一下邮箱,说不定客户就有回复了,因为他正好是上午工作时间,如果你立刻给予答复,客户也许就能马上回复,这样一件事情的处理或许就不需要耽搁好几天,效率就提高了。

(3)图片要非常准确,以免产生误解。经常有朋友碰到这种情况,客户发一张图片过来要求报价,你给出了准确的报价,但是没有加上自己的图片,用的还是客户的图片。那客户就得再发一封邮件过来请求提供你们的图片给他参考。其实这种事情往往是多余的,也浪费大家的时间。如果你在报价的时候,用自己的图片替代了客户询价的图片,那就一步到位,达到了客户的要求和目的。

(4)报价单必须详细到位。很多供应商比较懒,收到询价后通常就随便报个价格,稍微好一点的就是加个外箱资料。这不是效率,这是浪费大家时间。稍微好一点的客户会耐心回复,接着问他想知道的一些参数和其他资料;如果忙一点的客户恐怕就不再回复,哪些供应商更仔细,能给他充分的信息,他就接下去跟谁联系。

(5)第一时间报价后,如果有东西需要补充,就立刻跟进一封邮件。我以前给客户报价通常都是当天回复,实在来不及就第二天回复,一般很少拖到三天以后。当我提供了准确的图片和报价单以后,一般还会跟进一封邮件,把这款产品其他客户的包装设计稿发给客户,一方面给客户参考,另一方面也是增强自己产品销售良好的说服力。但为什么不在同一封邮件里发送呢?有两个原因:一是图片说明书之类的信息全部放一封邮件里,格式会太大,可能导致客户收不到,而且显得有些累赘;二是分两封邮件发送更能增加曝光率,客户看到你的邮件并打开的几率会更大一些。只要他点开过一封,就有可能被吸引住,就有可能点开第二封。所以两封邮件的间隔时间不能太久,这就是效率。

四、合适的报价技巧

报价的时候,技巧其实不可或缺。很多朋友会抱怨价格报出去没消息,犹如石沉大海,或者有的时候怀疑同行来套价格,不敢报,怕泄露商业机密,等等。所以我说的技巧,就是要尽量避免这种状况,既不让同行从你的报价中套出信息,也要让客户尽可能地回复你,这才是好的报价。

根据我个人的经验,报价要尽量虚虚实实,不要轻易让人看出你的底牌,不管这个人是你的同行,还是潜在客户。只有遵循这个规则,才能尽量在价格上占据主动位置。下面是我以前工作中使用过的一些成功拿下订单的报价技巧,希望能给大家一些启示:

1. 削弱参照物法

这个办法其实说起来很简单,一句话,就是让客户很难找到参照物,使价格没有可比性。

打个比方,太阳能灯,工厂报给我人民币每个4元,彩盒包装。这个时候我报给客户怎么报?有报0.8美元的,也有报1.8美元的,利润从10%到200%之间都有。

可以说,我报给每个客户的都不一样。但是我不会原封不动按照工厂的数据报出去,我会给客户方案。比如40个产品做一个展示盒,展示盒可以怎么设计,甚至把以前给大买家做的展示盒图片发给客户,告诉他做如何如何改动在超市里摆放会很漂亮。另外还会给他做好banner(条幅)和slogan(广告语),将一整套的销售策略做好,等他确定该如何改动。

这样一来，价格可比性一下子削弱，就变得不是那么透明，即使客户拿我的方案漫天询价，我相信国内的许多同行肯定会向客户要各种各样的信息，然后再核价，比如用的展示盒是什么纸张，上面有没有覆膜，用什么样的印刷，等等。这些问题能把客户问倒，客户在数天之内是绝对找不到参照物的。而且我占据主动地位，同行要报价就会被我的方案牵着鼻子走，很多人会报不出来，就算有人核出来比我低，客户来压我价时我也有转圜的余地，比如再做些更改之类的。所以很可能的情况就是，客户在找不到什么参照物的情况下，只能凭经验跟我砍砍价，然后要么成交，要么没订单。而且这种报价的好处是虚虚实实，不怕同行来套价格。

事实上，这一招要是用得好，效果会很好！不但能让你提高利润，还能让客户觉得你很专业，可谓一举两得。

我们再反过来看，很多朋友其实很死板，收到询价后总喜欢向客户询问各种信息，非要打破沙锅问到底，把所有细节弄清楚后再报价，以为这样比较准确。这种想法没错，但是现实情况是，客户会不会不厌其烦地回答你的十万个为什么？更何况，很多客户也是中间商，他的终端客户只给他一张图，或者简单的一两句描述，其他什么东西都没有。因此他没法给你更多的信息，因为他也不知道就没法回答你。

如果有其他聪明点的供应商给出自己的方案，并给出了建议，客户觉得不错，他就会把别人的一些参数发给你，让你去核价。这个时候你就头痛了，发现尺寸不是常规的，包装方式也和自己的不一样，材料似乎也有改动，没别的办法，只能让同事和技术部门，或者供应商一点一点核价，结果三催四催，价格报出来还不一定准确。因为是别人的方案，你被别人牵着鼻子走，自然会很被动。

如果给出方案的那个人是你，那客户拿你的方案去你同行那边询价，这个时候头痛的就是他们了。他们需要根据你设定好的圈子来玩这个游戏，你就牢牢占据了主动位置。所以，不但要给出几套方案，而且速度要快，要首先占据客户的主观思维，让他按照你的游戏规则玩下去。

2. 大买家鼓励法

很多客户都知道大买家，同行业当中的大客户和知名客户能让很多人心生景仰。如果你和大买家有过合作，是不是更能取信你正在开发的潜在客户呢？我相信答案是肯定的。

如果把前面的削弱参照物法和大买家鼓励法合并起来使用，很多时候会有惊人的效果。

我们做个假设，有客户给我一张印有一个拖把的图片，要我报价。我一般会给他我们类似的出货比较好的产品，包括说明书、彩盒设计稿、PDQ 图片，还有价格和外箱资料等。如果是带有知名大买家 LOGO（商标）的图片，那说服力更强，等于暗示客户：我连某某客户都在做，相当专业！最后我会补充一句："如果您要和您图片一模一样的产品，我们很乐意帮你 sourcing（询价），或者研究开模生产，请提供进一步的详细资料。"

这样就可以了。

买家的心态是什么？只是希望找到合适的供应商，肯配合他，如果这个供应商还跟他同行做过，或者和知名买家做过，那就更好了。一般我找供应商，不管他是工厂还是贸易公司，首先就看是不是专业。我要买家具，尽管这个公司很小，但是美国几个大公司下单给他，我会觉得他很了不起，对美国市场相当熟悉，订单下给他我会很放心。

如果是写开发信，或者是初次面对客户的询价，这里面就更讲究了。我在前面"如何写开发信"里面就专门提到过"主题"的写法，如何用大买家来夺人眼球，大家平时有时间可以仔细研究研究。

3. 捆绑策略法

我的捆绑策略比较特殊，不是把几个产品放在一起捆绑销售，而是利用自己的品牌把自己和客户捆绑起来，让他很难独善其身。

设想，如果他的店里卖的是你的产品，架子上是你的牌子，如果哪天突然要换，消费者会习惯吗？会怎么想？我以前做文具就有一个捆绑策略，我帮一个大买家设计一系列文具类产品的所有纸卡，同时产品给他最低价，条件是他要将该文具一整个系列的订单全部给我，而且要打我的品牌！我给他的回报是，所有的纸卡都由同一个工厂做，我另外找包装厂统一包装，首先便不会有色差，而且纸卡的品质都相当接近，客户很满意。这样一来，他超市里整个货架的产品都是我提供的，而且用

第五章　如何谈判有妙招

的是我的牌子。几个月以后，我把其中的一部分产品涨价，客户不接受也得接受，否则一旦他不下其中这几款订单，他的货架就不整齐，就不是统一的纸卡、色调和品牌。这也就是我当初的既定策略，一个集成订单，很多产品我亏着做，大部分只保住成本，少部分加利润甚至高利润。客户一旦做起来了，半年或一年后，我就可以把以前亏的那部分全部涨回来，客户就处于被动位置。如果他要终止跟我的合同，把所有的文具系列换掉，这不是半年一年搞得定的。这个时候我如果适当地跟客户的买手搞好关系，搞定他们，那几乎就没问题了，生意可以做得很长久。

有些客户可能会问，你们能不能接受OEM（贴牌生产）或ODM（设计生产）？有没有自己的品牌？这种情况下一定要给出肯定的答复：我们可以贴牌，同时也有自己的品牌。另外，你一定要想办法让客户用你们自己的品牌，这样才能达到捆绑策略的效果。甚至可以考虑给客户适当降一些价格，多给一些优惠，尽量让它选择你的牌子。一旦客户上了你这条"贼船"，想下来就不是那么容易了。

4. 狮子大开口法

如果你的产品相对比较冷门，竞争的同行不是太多，那不妨试一试这一招。但是用这一招有个前提，就是你对产品、行情，特别是目标市场有很准确的了解。

对于业务老手来说，这一招是经常会使用的老套路了。对于有经验的买手来说，不论你报的价格是高是低，他都会说很高，要求你降价。所以，大部分买家的心理是什么？他们往往买的不是"便宜"，而是"占便宜"！就像百货商店里有很多服装品牌，一件普通的夏装卖600元，你觉得很贵，等到换季的时候，直接给你打7折，很多朋友明知这个时候没法穿，但是感觉占了便宜，还是会去买，心想买来以后可以放到明年穿，但往往没想到明年自己是不是还会喜欢这件衣服。这个时候大批的人会把商场挤爆，这就是占便宜的心态。这东西真的便宜吗？未必。市场上很多不是这个牌子的相同款式的衣服，价格可能只有300元不到，但是东西便宜，你不一定会要，你要的是那种占便宜的感觉，这才是很多买家的真正心态。

如果你卖电视机，即使你说 one dollar/pc，有经验的买手还是会回答："Woo, that's too expensive！"

这个时候其实更多的是一种博弈，价格已经不再与产品完全挂钩，而更多地取决于谈判的好坏。

只要你的产品够冷门，同行很少，你也知道国外的销售价，这个时候完全可以搞那么一点点差异化，然后报个好价格，静待客户还价，然后一轮一轮谈判。谈价格，谈价格，价格更多地时候是谈出来的，所以不要害怕会把客户吓走，你不谈又怎么知道不可以呢？

美国前国务卿基辛格就说过一句很耐人寻味的话："谈判桌旁的结果在很大程度上取决于一个人夸大自己要求的能力。"所以，开出高于自己预期的条件，其实很重要。

这一招不仅可以用于报价，也可以用于砍价，甚至在求职过程中谈薪酬问题也常常是屡试不爽的。

以上这些只是报价和谈判过程中一些简单的技巧而已，但要注意，技巧只是对于谈判起到辅助作用，而不是决定作用，真正起到决定作用的，还是事先充分的准备、回复的效率，以及对产品和行情的专业！

《孙子兵法》里有一段很有意思的话：

> 凡战者，以正合，以奇胜。故善出奇者，无穷如天地，不竭如江海。终而复始，日月是也。死而更生，四时是也。声不过五，五声之变，不可胜听也；色不过五，五色之变，不可胜观也；味不过五，五味之变，不可胜尝也；战势不过奇正，奇正之变，不可胜穷也。奇正相生，如循环之无端，孰能穷之哉！

商业谈判也是一样，要以实力为后盾，就是以正合；然后再辅之以一些技巧来促成谈判的成功，就是以奇胜。所以，出奇制胜的关键还在于真正的实力，从外贸角度上看，就是你的产品以及你自身的专业程度！即便以诸葛亮之才，空城计也只能用一次，不是吗？

五、业务人员的个人素质

等到以上四点都掌握了，甚至运用得炉火纯青，那剩下的最后一点,同时也是最难掌握的一点,就是业务人员的个人素质。

其实用"素质"这个词不太准确,我想表达的是外商对于业务员的一种主观印象。这不完全和你能力挂钩,而是你展现给他的一个整体的、综合的感觉。

有的时候客户会跟我讲,某某公司的业务员很棒,我很喜欢这个人。但是这个好的印象是怎么来的?我相信不仅仅是因为他们的产品好、价格好,还是因为这个业务员有一种特质,能够让客户愿意跟他多接触。

用言语形容可能很微妙,很难表述,但事实就是这样。我相信很多朋友做 sales(销售),也会接触不同的工厂,你怎么判断你的供应商呢?当然,产品很重要、价格也很重要,但是接下来呢?肯定是哪家工厂的销售人员或者老板你觉得他人不错,你才会下单给他,才会考虑跟他多谈一些东西,才会考虑跟他长久合作。

贸易公司需要找稳定和长久的供应商支持自己,工厂同样需要找稳定和长久的配套工厂配合自己,那客户呢?同样如此!这种心态对所有的买家来说都是一致的。

问题来了,那能让客户觉得你这人不错的那种特质是怎么形成的呢?归根到底,我觉得有两个方面,一是专业,二是细节。

专业指的是对产品的专业、对市场的敏感、对价格的老到,以及在各种知识层面上构建出来的信息,能让客户觉得心里踏实。

而细节的把握又能体现自己的细心和敏锐,能有效防范问题,把事情做得更加完美。完美并不是没有错误,这个世界上任何东西都不完美,都需要修改和修正,没有绝对的正确,而对于细节的再三考虑能使错误发生的概率大大降低,减少风险。这就是业务员的个人素质。如果你还能讲一口纽约口音的英语,写一手流畅简洁、通俗易懂的美国式邮件,那就 perfect(完美)了。

在价格谈判的过程中只有穿插运用多种技巧,展示自己的专业和良好素质,让对方有赢利的感觉,才能最终拿下订单。谈判的核心是双赢,大家在妥协和退让中达成共识,各取所需。如果一方觉得自己亏大了,那对方肯定不是一个合格的谈判者。

案例 1：迂回前进的价格谈判

……

Frank：C, that's incredible! Your price is too high!

C：Frank, please, that is actually our best offer! I think it is very competitive in Germany.

Frank：Joking? You quoted me EUR2.35, but my competitor bought from a middle man in Austria, just EUR2.15!

C：Hey, I also wanna support you to expand your market, but the price... Could you please send me a sample for evaluation? I'll check why their price is too low.

Frank：C, listen! I don't have time! The promotion date is Jul. 15th, we have just two months!

C：What about doing a little change? For example, using silk printing instead of heat transfer, and using super heavy duty batteries instead of alkaline ones, the price will be EUR2.05 then. If OK, I'll send you PI right now.

Frank：That's great! But if using super heavy duty battery, the quality maybe weak.

C：Well, just changing the printing, but keep alkaline ones, EUR2.15/pc, okay?

Frank：Please do EUR2.00, I'll give you order! 3 000pcs!

C：Give you 3% discount, EUR2.09/pc, 6 000pcs.

Frank：You killed me! The quantity is too much!

C：OK, keep EUR2.35/pc, 4 000pcs fixed, but we accept the freight to Hamburg.

Frank：Really? CIF Hamburg? But I just can place 3 000pcs.

C：No, C&F, you pay the 1% insurance. 4 000pcs will be accepted.

Frank：OK, 4 000pcs. Please help me for the insurance…

C：Let me talk with my boss, pls hold on…

Frank: Sure…

C: Confirmed! Please check the mail I sent you 1 min before, please confirm the PI by return today! We need to arrange the mass production at once!

Frank: OK, I'll confirm soon.

C: Not "soon", today is a must! Because of the tight time for manufacturing. Come on…Free display boxes will be delivered together with goods. I think that's good for your promotion!

Frank: Free PDQ? That's amazing, thank you, C! I appreciate for your kind help.

C: My friend, don't hesitate, sign it right now. We're also pretty busy this month, please give me plenty of time for mass production.

Frank: Sure, sure, I will…Please pay more attention to the quality and ETD. Thank you!

C: You are welcome. Bye.

Frank: Nice talking with you. Bye!

第四节　博弈和心理战

谈生意，免不了会揣测对方的心理，一步步抛出自己的条件试探对方的要求。聪明和有经验的谈判高手，是不会一开始就开门见山的。

中国人是博弈论的鼻祖，在古代，博弈指的是下棋。《论语》中有记载："饱食终日，无所用心，难矣哉！不有博弈者乎？为之，犹贤乎已。"朱熹注："博，局戏；弈，围棋也。"从古至今就有了一套完备的理论体系。

到了现代，博弈论得到长足的发展，广泛应用于经济学、管理学、心理学、数学、社会学等，英文叫做 game playing。目前的定义是在多决策主体之间具有相互作用时，各主体根据所掌握信息和对自身能力的认知，做出有利于自己决策的一种行为。

请注意，这里提到了两点，一个是所掌握的信息，另一个是对自身能力的认知。所以，在商场上，多个供应商和客户谈判争取订单的时候，相互之间自然会出现博弈，会根据自身情况做出适合自己的方案。但是问题来了，因为大多数人不知道同行（也就是竞争对手）的底牌，为了争取订单，就难免会在价格上拼杀以获得优势。大部分的价格火拼都是这么来的，不是客户在砍价，而是同行之间相互砍价，结果最终拿下订单的一方也是"杀人一千，自损八百"，一块肉变成了半根骨头，不吃舍不得，吃又吃不饱，身陷左右为难的处境。

西方经济学有一个很著名的"囚徒困境（prisoner's dilemma）"理论，是博弈论的经典案例。

 案例2：囚徒困境

1950年，就职于美国兰德公司的梅里尔·弗勒德（Merrill Flood）和梅尔文·德雷希尔（Melvin Dresher）拟定出相关困境的理论，后来由顾问艾伯特·塔克（Albert Tucker）以囚徒方式阐述，并命名为"囚徒困境"。经典的囚徒困境如下：

警方逮捕甲、乙两名嫌疑犯，但没有足够证据指控二人入罪。于是警方分开囚禁嫌疑犯，分别和两人见面，并给双方提供以下相同的选择：

若一人认罪并作证检控对方，而对方保持沉默，此人将即时获释，沉默者将判监10年。

若两人都保持沉默，两人就只能分别被判监1年。

若两人都互相检举，则两人分别被判监8年。

很显然，两人都知道，最好的选择就是两人都沉默，因为他们知道警方证据不足，在缺少人证口供的情况下，就只能关他们1年，这是最优策略。但问题在于，两个人是被分开囚禁的，不知道对方的选择，也不知道对方会不会出卖自己，在这种情况下，因为信息不对称，也因为不信任对方,出于理性选择的考虑,出卖对方远比沉默合作风险更小。

只要我出卖对方,如果他沉默,我就获释;如果他也检举我,那我就被判8年。但若是我沉默,他检举我,那他获释,我就要一个人坐10年牢。

所以,这场博弈最终的均衡就是双方都背叛对方,结果都被判8年,达到了一个不好的结果。

看到这里,可能你会感觉到人性的自私和黑暗。但商场如战场,本来就是残酷的,虽然需要诚信、需要道德,可只要有竞争的地方,就必然会有博弈存在。那如果在贸易谈判中,会如何出现这种状况呢?我们可以简单地做一下兵棋推演。

案例3:外贸中的报价博弈

假设一个美国大客户要采购60万件白色男式衬衫,要求45天交货,目前有A、B、C三家大公司在竞争这个订单。又假设这三家公司的成本价都是2美元,管理成本20%,常规利润20%,45天的产量都是20万件。也就是说,正常情况下,三家公司的报价都是2.4美元。

这种情况就很简单了,客户的订单是600 000pcs,45天的交期,但是每个供应商在45天内只能交出200 000pcs。而且三家的成本、管理费用和利润都差不多,这个时候的最优策略肯定是三家合作,同时报2.4美元,拿下订单以后,三家同时生产,同时交货。或者由其中一家拿下订单,自己生产的同时外发另外两家以求产量没有问题,还能维持住2.4美元的报价。

但事实上可行吗?答案是基本上不太可能。因为这是另外一个"囚徒困境"!

但不同的是,三家公司的老板可以坐下来谈谈,组成价格联盟,扛住2.4美元的价格,只要没有人太贪心想一口啃下这个大单,那大家都能拿下,都能赚20%的利润,而且能保证交期、控制品质。然后三家达成协议,大家都不降价,都坚持价格,一起合作赚美国人的钱。

可结果通常没有那么美好。A公司回去后会想,如果我坚持2.4美元的价格，那两家要是偷偷降点价，客户就被他们抢走了，他们虽然赚得少点，但是我一分都没有，会失去订单、失去客户、失去利润。可如果我偷偷给客户降价，我可能一个人拿下整个订单，到时订单在我手里，外发一部分当然有人做，如果他们也降，那就大家都少赚点。B公司和C公司回去后，自然也会有这样的想法。那这三家公司会不会暗中直接联系客户，为自己公司抢订单呢？很可能会。最终的可能性就变成下面这个样子：

A公司晚上回去后，就给客户报价，把利润降下来，报2.3美元；而B公司也给客户报价，适当降了点，报了2.35美元；至于C公司，老板是铁了心要出卖A和B，独自吃下这张订单，直接冲了2.2美元的底价。

美国采购商这个时候就很开心了，三家有价格梯度，那就可以有更大的余地。然后采购商会告诉A："兄弟，你太不够意思了，我一直把你当朋友的，可你看，C公司都给我报2.2美元，你居然要2.4美元？我实在伤心啊。"A公司老板一看，心里会大骂C公司，责怪他们降了这么多，连利润都不要了，于是不管三七二十一，就答应美国客户愿意接受2.18美元的价格，请求客户下订单。

然后美国客户又找B公司，说A和C公司都已把价格报到2.2美元以下，B公司2.35美元价格太荒唐。于是B公司只能降价，答应给2.15美元的超低价。

接着，采购商再去找C公司："你的价格2.2美元，可是很抱歉，A和B两家公司的价格都比你低，我把邮件给你看，他们一个2.18美元，另外一个2.15美元，你说吧？我应该下给谁？"C公司只能答应再降一点，给出2.1美元。采购商说："No！No！No！我把你当朋友，希望能跟你们公司开展长久合作，除了这个项目，我还有手上，但愿能和你全面合作，我的目标价是2.的成本价了！可为了拿下订单，C公司也只好办法节省人工成本，砍下游配件和辅料供应商下来，再将利润打下来，然后分流订单到下游合样复杂频繁操作后，真正的利润可能只有不到3%！

从这个案例可以看出,很多时候明明大家面前都有一个好的方案,但由于处于博弈中往往就只能做出相对坏的结果。

前面说了这么多,不是希望大家用压价或者恶意竞争之类的方式来从事外贸行业,而是希望大家在懂得和理解博弈论的基础上,学会如何跳出这个囚笼,以求在谈判和竞争中寻求新的突破口和增长点,这才是大家需要做和动脑筋的。

这个时候,就需要运用"附加值"的方式,努力体现和发挥自己的长处,做差异化,弥补短板,转移客户的注意力,提高专业和服务,这才是另外一条路!

再回到刚才的案例,如果A和B公司都在降价,而C公司坚持2.4美元的原价,但体现自己的差异化,比如C公司在把售后服务外包给美国的一个第三方公司,有免费的24小时800电话服务,一旦衬衫有问题可以随时致电,不管是换货或是退货。或者C公司在美国注册了自己的品牌,一旦衬衫有问题便承担所有责任,不会给美国采购商的公司和品牌形象抹黑,能把风险转移。又或者C公司的衬衫和A、B两家公司略有不同,使用的面料是韩国进口的,有相关进口文件和采购证明等,所以成本上略高。这些都可以作为差异化来弥补价格上的短板。可以是产品不同,或者服务不同,或者有不一样的其他地方,比如价格上的差距就更能让客户接受,关键在于你给出什么样的方案。

其实谈判是一场心理战,不仅要给出专业意见,还需要沉得住气。客户可能没有回音,可能会直接拒绝,也可能有一些修正意见,但不管怎样,都要冷静,在不了解竞争者的情况下,不要轻易去猜测或者恶意揣测,要站在客户的立场上,为他量身定做适合他的方案。

在谈判中,要尽量少问"我们该怎么做"或者"您要我们怎么做",而是要多用肯定句或祈使句,体现你们的专业性和良好建议。比如"我们建议您……"或者"根据我们的经验,有以下几种方案供您参考……"

衍生开来,我个人以为贸然询问目标价也是不合适的。因为你不知客户的底牌,不知道他的底限和原来的采购价是多少,甚至不知道他售计划和目标市场的定价策略以及零售价设置。这样一来,贸然问价的一方必然会吃亏。

如果我是采购商，采购一把促销用的办公椅，原来的采购价是 17 美元。现在我又找了几家报价，其中有一家报 16 美元，我觉得不错，就会跟他们谈下去，但只会大大展示自己的兴趣和采购欲望，不会透露自己的底牌。供应商往往会沉不住气，会主动降价，也许这个时候就变成 16.5 美元了。但是我依然不下决定，只是顾左右而言他，或者有意无意透露出上个月采购价为 16 美元，目前的 16.5 美元几乎不可能。供应商为了争取订单，要是直接问目标价，我就会抛个低价，比如 13 美元。如果他答应，那我成功砍下 20% 多的价格，如果不答应，大不了讨价还价一番，最终可能在 15 美元上下成交，还是比原来采购价低了 10% 多。

下一轮订单，再如此炮制，又能把价格杀到相对的低位上。

所以，轻易询问目标价并不可取，而是要把握对方心理，根据情况来改变销售和应对策略，要做好打持久战的准备。多轮拉锯战后，往往能坚持下来的就能赢下订单。

第五节　找机会打破僵局

谈判中经常会碰到卡在某一问题上无法进展下去的尴尬，使得谈判陷入僵局。比如价格问题，一旦价格差距很大，超过了客户的承受范围，其他问题就没法谈下去。又或者交期问题，客户的订单很急，15 天要交货，为了赶销售季，但是供应商的最快交期也要 40 天，怎么都来不及，这种情况下，价格再好都没用。

外贸过程中，这样的问题会有很多，甚至每天都会有各种新的问题产生，导致现有的订单发生麻烦，或者新谈判或开发的业务陷入停滞。

我的建议是，换位思考，寻求双赢。不纠结于细枝末节，在把握中心且不影响大原则的前提下，可以通过适当的妥协来寻求更多的机会。

但是谈判的前提是,除了明白对方的表面原因外,还要了解和发掘深层需求,从而努力寻求打破僵局,把谈判继续下去。

📁 案例4:了解真实诉求

我曾经紧急采购过一款玻璃杯,准备复活节在美国促销。展会上找到了一家山东的工厂,各方面感觉都不错,样品通过了第三方测试,产能也可以,但最终卡在了付款方式上。我们美国总部只接受 L/C 或者远期付款,但工厂却坚持需要30%定金的 T/T。任凭我怎么说,他们在这一点上都不做任何让步,谈判明显进入僵局。

因为订单的时间很赶,如果拖下去,可能会影响销售;如果换另外一家供应商,时间上未必来得及,而且单价还比这家要高,并不划算。这个时候我只能飞去青岛,跟他们老板讨论这个问题。

到了那边,发现工厂不错,规模各方面都还可以,应该不是资金的问题。后来谈判中才知道,他们工厂实力很强,欧美多个大买家都有直接下单,有操作大单的经验。那为什么要坚持这样的付款方式呢?原来是他们有顾虑,担心我们的信誉,因为是第一次合作,不怎么放心。

了解了对方的真实诉求,那问题就迎刃而解了!我首先介绍了我们公司在美国的实力和悠久历史,也表明了总公司的态度和采购条款,对于所有供应商都一视同仁,不会有歧视,也不会有特殊照顾。另外针对他们的担心,<u>我愿意开立信誉良好的汇丰银行即期信用证,且不可撤销</u>,同时愿意帮助他们在国内的汇丰做"打包贷款",以信用证为抵押,贷一部分钱出来,这样相对可以让供应商安心。然后找保险公司对交易做第三方担保,再加上一道保险。

工厂老板很爽快,谈判就顺利进展下去,一个大项目就这么确定了,彼此双赢。

所以,打破僵局的关键是不要被表面问题迷惑,也不要被难题卡住,要冷静分析现状,了解对方的真实诉求,找出原因和解决办法,并有针对性地给出建议和方案,这样才能顺利破冰。

第六节　不要歧视小订单

贸易行业中，订单有大有小，有稳定的，有短期的，还有很多零碎的散单。客户也是一样，有长期合作的大客户，有订单一般的中小客户，也有那种有一单没一单的"游击队"客户。

但作为出口行业，就应该坚持一点，就是要一视同仁，不歧视任何客户，也不歧视任何订单。很明显，大订单是没人会歧视的，就算接不下或者不接，可能也会羡慕的。但小订单就未必了，很多业务员会没兴趣，会看不上，甚至理都不想理。

事实上，一视同仁这一点很难做到。

韩愈《原人》："是故圣人一视而同仁，笃近而举远。"

如果能完全出于公正立场，对任何客户、任何订单都不戴有色眼镜，不失偏颇，像孔子那样"有教无类"，那就真的是圣人了。恐怕只有孔、孟、朱子和阳明先生，一般的凡夫俗子是做不到的。但即便是孔子，对自己的弟子尚不能做到完全的一视同仁，对向他请教种田的樊迟都有"小人哉"的评论，别人又如何能做到完全的客观呢？

比如公司的业务员在国内外参展，或者是收到询盘，肯定会更看重欧美客户，询盘质量好的会优先处理，预期订单大的会更加重视……这样的例子可以举出很多。

但是事实上呢？感觉谈得不错的客户未必能拿下，欧美客户未必会最终下单过来，质量好的询盘回复后可能犹如石沉大海，预期订单大的客户结果只下了个很小的试单。只要外贸做久了，这些情况相信都经历过、感慨过。但睡一觉，第二天开始工作，还是一切照旧。

所以，真正的原因是我们观念上本来就错了，从根本上歧视了一部分客户、一部分订单。做生意要脚踏实地，也要灵活变通，不能好高骛远，也不能轻言放弃。坚持到最后的那批人，不一定有最强大的实力，

第五章　如何谈判有妙招

但往往有着别人难以想象的韧性以及对客户的重视。

　　成功的生意人，应该是来者不拒，任何客户上门，都要笑脸相迎，都要提供良好的服务。虽然可以优先服务现有客户，可以有 VIP 制度，但不能使其他客户感觉到太大的落差。如果一个新客户第一次询价就受到冷落，以后可能就不会再找上门。但是这个客户的潜力如何谁也不知道，有可能会很大，大得远远超过现有的订单。

　　在这里，我想说的是，不要歧视小订单，不仅是中小客户会下小订单，许多行业大鳄、大买家也经常会下小单！

　　国内很多工厂或贸易公司为了避免操作小订单的麻烦，通常在报价的时候会规定起订量，或者在付款方式上有特别要求（比如对于小订单要 100% 预付款）等，把这些小单子挡在门外。企业这样做，当然有自身的考虑，小订单和大订单的操作流程是一样的，成本高，生产又需要频繁调整，不能一条生产线连续几天做同一款产品，产能和效率自然就会下降。另外，小订单的利润太低，除去操作成本就没有利润甚至是亏本，出口企业又怎会有兴趣？除非知道对方是大买家，比如沃尔玛之类的，看中巨大的未来潜力，才可能会勉强接受小单。

　　但根据我多年的工作经验，Wal-Mart（沃尔玛超市），Target（塔吉特，美国第二大零售商），Home Depot（美国家得宝公司），Sears（美国著名零售商），J. C. Penney（彭尼，美国零售企业），Besy buy（百思买，美国消费电子零售商），WOOLWORTH（沃尔沃斯，澳大利亚食品零售店），Kroger（美国克罗格公司）等大买家，也是有很多小订单的，而且有一大部分通过进口商或者港台的贸易公司来下单，很多出口企业根本不会了解这些小订单后的大商机或者大买家的身影。

　　比如 Disney（迪斯尼），一般很少会直接给新供应商下大单，通常小单或样品单测试的时间会有一两年甚至更久，因为大买家都有主要供应商和核心供应商，一般在这些 vendor（供应商）没有出问题的情况下，大单是不太会外流的。但是他们都会储备一些备用的供应商，一旦核心供应商出现价格或者交期方面的问题，随时都有后备力量可以顶上。但为了确保这些备选供应商在接大单的时候不会出状况，就需要长年累月地用小单来测试他们。

所以，拒绝一张小订单可能拒绝了一个良好的打入大买家供应链的机会，可能错过了公司发展的一个台阶，可能失去了一个重要的潜在客户，可能失去了后续的绝好机会。这一切的一切，只缘于当初拒绝了一张小订单而已，就可能会成为自己职业生涯中永远的痛。

更何况，星星之火可以燎原，就算是中小客户的小单子，也是有好的机会的。也许通过这张订单能打开一个新兴市场，也许这个客户能成为你未来的忠实客户，跟你们公司共同发展，也许这个客户能给你带来很多新的商机，介绍很多采购朋友给你认识，也许这个客户的订单利润不错，单子小，但能抵上一张大单的利润。

这些谁知道呢？在最初接待客户或者处理询盘的时候都是看不出来的，靠猜测不能解决问题。再说，没有小订单又哪里会有大订单？很多供应商看不上小订单，又没有能力做大订单，结果就是什么都不成，生意越做越差。

只有能把小单做好，抓住细节，控制品质和交期，服务到位，在订单操作过程中跟客户不断磨合，对方才会对你们公司增强信心。久而久之，供应商自身的能力和业务水平也能得到长足的提高，这个时候客户如果有大单，才能放心地交给你们。

一个企业的业务发展，是不能仅仅依靠公司的核心客户的。因为大客户也许会越做越小，也许会流失，也许会被竞争对手抢走，这个风险永远存在。所以，在处理公司核心业务的同时，业务人员绝对不能忽视新客户的开发，而其中的一个关键，就是通过小订单来增强彼此间的互信和配合度，将来做大单也就顺理成章了。

第七节　如何准备大订单

除了小订单以外，很多大订单在业务开发过程中同样会浮出水面。就像第一次去靶场打靶，可能会脱靶，可能会勉强打中，但也有可能运气极佳而直接命中靶心。对于选手来说，专业和实力当然重要，机遇和运气同样不可忽视。一个老业务员在竞争新订单时输给一个新手也没什么奇怪的。在贸易过程中，未必你公司够大、实力够强才能接触大买家、做大订单，很多小公司同样会接下很多大单，这种"高攀"的现象是再正常不过的。

作为外贸第一线的业务人员，要直接应付客户的询盘，要直接跟客户谈判，要直接在展会跟客户面对面，除了有过硬的心理素质、良好的专业技能和一流的服务意识外，还需要时刻做好接触大买家和争取大订单的准备。因为没有人知道，接下来是不是有一个很好的机会能让你拿下一个 big order（大订单）。

在此，我总结了争取大订单的一些需要准备的要素，总共 11 条。具体如下：

一、渠道

大买家一般都有自己的一些采购渠道，很多不为人所知，比如美国的一些大公司就常年通过台湾几家固定的贸易公司在远东采购。这些渠道一般是很难切入的，因为有完整的供应链、多年的稳定配合，使得我们的出口企业很难在里面分一杯羹。

这些，就是圈内人常说的"渠道"。大买家通常都是一些大公司，其内部往往有很多部门、很多组，所以 buyer（买手）在很大程度上决定了订单的流向。如果这个买手想换掉现有的供应商，因为订单连续几次出了问题，而新供应商中有几家已经跟这个大公司建立了业务联系，小单子已经做了数年，那么，主力订单很可能就会流到他们的口袋里。

但这些渠道就像城市地下的水管一样，很难弄清楚起点在哪里，中间有多少个弯，最终流向何方。所以我们的出口企业要做的，就是尽可能多地接触不同的客户，不仅是欧美的终端客户、欧美的进口商、中间商、贸易商、分销商，或者是中国港台地区、新加坡、印度的贸易公司，还有国内的采购办事处和外贸公司等，都有可能直接或间接接触到大买家，所以任何机会都要把握，都不要轻易放过。

举个例子，Wal-Mart（沃尔玛）放出一个大的促销订单项目，如果是国内的工厂，相信会一连很多天甚至几个礼拜收到不同客户发来的询价。内容可能一模一样或基本一样，但是发件人有美国人、英国人、德国人、荷兰人、中国香港人、中国台湾人、新加坡人、海外华人，以及国内很多工厂和贸易公司的业务员。这就是渠道的力量！

所以，对于出口企业而言，不仅要通过网络接触更多的潜在客户，还要多参加国内外展会直面更多买家和渠道中间商，通过多种渠道和路径来接触到最终买家。

二、人脉

人脉非常重要。做生意说白了就是靠人，只要有强大的关系网，有一大批稳定的供应商，有一大群优质的潜在客户，那生意自然而然就能做起来，而且可以做强做大。

业务员想开发大买家，在一开始就要慢慢培养和建立自己的人脉。比如接触尽可能多的客户、工厂、国内的同行、测试机构的朋友、外商国内采购办的员工等。

接触的客户多了，给他们提供服务，跟他们打交道，就有可能通过他们的介绍来接触新客户。一般而言，老客户介绍的客户，成交可能性往往最大，更胜于展会上接触的客户。

而工厂的朋友多了，会了解更多当前流行的新产品以及许多客户采购的产品、颜色、包装等，报价的时候心里就会更有底。

国内同行虽然很多时候是竞争对手，但未尝不能合作，机会依然无处不在，比如我的客户采购的新东西我做不了，但是你能做，我可以介绍给你；反过来，你的客户有新的项目你没兴趣，也可以分享给我。这样一来，大家就可以互通有无，实现资源共享。贸易的最高境界，就应当是资源的合理配置。

人脉的建立需要长期的积累过程，甚至可以说贯穿整个职业生涯的始终。不管自己从事哪个行业，做到哪个职位，都需要人脉的积累和沉淀。手中的牌多了，才有更多的机遇和潜在的良好机会，一切才有可能。

哈佛大学著名心理学家 Stanley Milgram 曾经提出过一个"六度分割

理论（Six Degrees of Separation）"，简单来说就是在这个社会里，任何两个人之间建立一种联系，最多只需要通过六个人。也就是说，地球上任何角落的两个不相识的人，他们之间最多只有六度分割。

既然如此，你跟美国总统之间可能只隔着不到六个人。你要认识大买家，最多也只需要几个人而已。只要人脉广泛，朋友介绍朋友，是很容易接触到各种大买家和中间商的。

三、谈判

开发大买家，前期的谈判很艰难，需要相互之间的沟通和了解，这个过程可能很长，甚至会持续很多年。如果没有这个心理准备，没有打持久战的觉悟，跟大买家的接触会让你觉得很痛苦，觉得不厌其烦，甚至随时都会有 give up（放弃）的打算。

而谈判过程不仅可能旷日持久，还可能有无数的问题伴随着产生，很多的细节要一点一点去谈、一点一点去确认。产品要谈、交期要谈、订单开发要谈、测试要谈、验厂要谈、验货要谈、价格要谈、数量要谈、样品要谈、前期投入要谈、打样时间要谈、颜色要谈、包装要谈、起订量要谈、报价有效期要谈、付款方式要谈、售后服务要谈，甚至连生产方的资质、双方的业务对接、不同的联络人的工作内容等都要事无巨细地一条一条去确认。

此外，还有做不完的 paperwork（日常文书工作），填不完的表格，几百页的全英文版供应商要求手册，上百页的 shipping guideline（装运指南）等等，都是需要在谈判过程中进行下去的。任何一个细节没有把握好，或者某个环节出了问题，都有可能使得谈判就此终结，所有的投入全部白费。

所以，大买家的谈判对业务员的能力要求很高，如果不是特别专业的业务员，很难在这样的谈判中帮公司争取到应得的利益。

四、研究

"研究"这个词，英文里应该有两个近似单词，一个是 research，另一个是 investigation。在这里，我指的是 investigation，是详细而全面的调查。尽一切可能掌握更多的信息,才能在谈判中更加自如。否则,心里没有把握,对目标客户一无所知,谈判的时候可能就会一问三不知,不断暴露自己的缺点,客户又怎么会轻易信任你、信任你们公司?即便客户打定主意要跟你们合作,这种情况下也必然会穷追猛打,不断要求更大的收益。

很少有客户会主动透露各种各样的信息给你,这就需要靠自己去摸索、去了解、去动用一切资源来了解你的潜在客户。要自己主动做销售研究,了解对方市场,调查渠道和零售价,从而量身定做方案,或给出更佳建议。谈判是双方的,不能让客户觉得所有的方案都是他在给,你们什么都不懂,只会报价而已。如果只能完成最最基础的工作,利润自然会非常有限,对潜在订单的掌控能力也就不强。

五、磨合

开发大买家,磨合是一个关键。因为双方肯定有不同的观点、不同的目标、不同的意识形态,甚至对同一个问题也会有两种看法,这些都很正常。

因为买方和卖方,既相互需要,又相互对立。

相互需要,是指客户需要供应商提供产品和服务,以便他在海外销售,赚取利润;供应商需要客户的订单来养活员工,同样赚取利润。

相互对立,则是因为利润的分配问题。如果供应商价格过高,买家的利润自然下降,因为消费者不可能接受无休止的涨价。这种情况下,买家希望价格越低越好,卖家希望价格越高越好,这就难免在价格上需要进行不断的谈判。蛋糕只有一块,就看怎么切,如果供应商有足够的附加值,产品的可代替性不强,有特殊优势,那就能多切一点;如果买家有足够优势,比如订单足够大,那就能多分一些。所以,到最后肯定是一个磨合的过程,双方谈判、退让、再谈判、再退让,重复这个环节,最终达到一个双方都能接受的临界点。

不仅是价格,其他的诸如交期、付款方式之类的,都是在谈判中磨合的。对于大买家,因为是大客户、知名客户,所以本身肯定占据很大优势,比一般客户会强势许多,这个磨合的过程就会更难。要充分发挥自己的优势，做好充足的准备工作，这是谈判的前提。

六、经验

要应付大买家，光靠专业、谈判技巧、前期的准备、渠道的切入，这些还是不够的，更重要的是"经验"。这个经验，不是指业务人员的工作经验，而是指对客户所从事行业、他所经营的区域市场以及他的竞争对手的经验。

比如你是广东的一家工厂，出口电线，工厂很大，价格也不错，有一定的实力。公司原先的主力市场是美国，对美国客户和美国市场很了解，但是今天有个德国的大买家来询价，业务员能拿下吗？估计难。因为欧线订单占公司的份额很少，对于德国和欧盟的一些测试、条款以及各种渠道都不熟悉，试问，怎么在谈判中取信于客户，令其觉得你们有能力成功打进德国市场？他们甚至会认为还不如直接找对德国市场经验丰富的供应商呢。

比如 ALDI 和 LIDL 是德国的连锁超市，还是竞争对手。今天 ALDI 的买手来你们工厂谈户外帐篷的项目，结果发现你们居然一直给 LIDL 供货，合作了很多年，做了几个不同的项目，通过 BSCI（某第三方检验机构）验厂，了解欧盟的各种测试和认证，他就会有很大兴趣，成交可能性就会相当大。

这就是经验！这跟大公司招聘也是一个道理。Wal-Mart（沃尔玛）美国总部要招产品开发人员，结果有一个应聘者曾经在 Kroger（克罗格）美国公司做产品开发，那不用说，他的机会会很大，因为 Wal-Mart（沃尔玛）会觉得，既然 Kroger（克罗格）能请你，说明你的专业和实力足够，有丰富的经验，那我们也能请。

七、投入

前期的投入，对于开发大买家是非常必要的，这牵涉到很多的细节问题，包括打样。大买家基本上不会承担样品费，不会付运费，对于大件产品，这些费用可能会很惊人。

再加上买手可能会拜访供应商，那安排的接送、用餐等费用也不会是一笔小数目,可能都要达到五位数的人民币。如果谈判旷日持久,前期的各种开发费用和业务费用累积起来也绝对不会少。

对于正在开发或准备开发大买家的朋友们,这个准备一定要做好。

八、样品

大买家和普通客户不同,前期可能会需要很多样品。因为大公司有很多部门,可能设计部门需要,买手需要,他的上司需要,产品开发的同事需要,甚至还要拿几个给终端客户,或者拿一部分去展会看看反应,这都是有可能的。

如果碰上谨慎的买家,一开始确认样品的时候还需要送样去第三方机构做测试,以确认品质各方面是不是合格、有没有功能性缺陷等,然后再决定要不要把这个项目进展下去。也许辛辛苦苦打了样品,客户觉得跟他想象或设计得有出入,也是有可能停止这个产品的进展的。但是对于供应商来说,这个就必须投入了,因为打了样品未必有订单,不打样品基本上就没有希望。

所以,开发大买家,不仅要根据要求来安排样品,还需要把样品做好,注意品质和细节以及打样的时间。如果时间长了,客户未必有耐心等,或者错过了他的计划,就麻烦了。

九、验厂

大部分的客户在下大订单之前,都要做一个很重要的工作,就是factory audit,也就是我们常说的验厂。

验厂非常复杂,除了人权、环评、消防、禁止雇佣童工这些基本的要素外,如今又添加了诸如反恐、出入控制、商业伙伴等内容,牵涉到工厂的各个备料、生产、运输环节,员工的薪资、福利、培训,工厂的安全、消防、环境保护,等等,都是不可忽视的。

对于第三方机构来说,一次验厂通常需要2~3天才能完成这个流程,对工厂有一个全方位的了解。

而大多数的工厂都很难在第一次验厂中顺利通过,一般都会发现这样那样的问题,需要不断地整改。而大客户也是在这个过程中了解工厂的配合程度以及各方面的提高，以满足他们的要求。

十、测试

如前面所说，大买家会对样品做测试，这就需要供应商事先有这方面的经验，知道自己的产品在不同的市场需要做哪些相关的测试，测试标准是什么，测试条件和费用又如何。

一部分买家会自己承担测试费，但也有许多客户在大订单确认后会要求供应商承担测试费用，如果测试通不过，可能需要重测，严重的甚至会取消订单。

这对业务员的经验和业务员对各种政策、规则和当地法律法规的了解，是一个考验，比如美国的 UL、CUL、ETL、PROP 65，欧盟的 CE、ROHS、GS、REACH 等。另外，对一些材料的限制，一些禁止使用或者不建议使用的材料，尤其要注意。

十一、验货

大买家的验货非常仔细，也许会派自己公司的 QC（质检员），或者把这一块外包给第三方机构，常见的有 SGS、ITS、BV、TUV 等几家。

因为订单大，所以客户一般会比较仔细，一旦发现任何问题都有可能很严重。特别在美国、西欧、北欧这些发达国家，一个问题可能就会引起产品的全面 recall（召回），会影响客户的公司声誉。对于一些大品牌，这会是致命的打击！

所以客户下了大单以后，对于产品各个环节的 inspection（检验）自然非常严格，会根据 AQL 标准控制每一批货物的品质。比如 pre-production inspection（产前验货），in-line inspection/DUPRO inspection（中期验货，DUPRO 是 during production 的简写），final inspection（最终验货），甚至还需要第三方公司控制 goods loading（货物装运）以确保装后的时候小心，不会损坏产品和外箱。

这 11 条基本涵盖了开发大买家所具备的基本要素。一个成功，终究是需要跟大买家打交道的，不可能就依靠小订单过日子，即使利润再高，对于自身的能力和专业性来说都不会有全方位的提高。

每个人都有一个学习的过程，一开始接触大买家难免会进退失据，谈判发生很多问题，或者订单进行中出现各种麻烦。但这些很考验一个人的个人能力，当业务员能够独立操作大订单、独立负责大买家的谈判时，就在无形中证明了强大的个人能力及自身的专业性。

订单开发需要谈判，谈判需要技巧和实力，但终究以实力为主，在工作中不断锻炼自己，在迅速成长的同时实现质的飞跃。

本章小结

谈判，是商业行为中最重要的环节。任何商务活动都离不开谈判，因为双方的需求不同、目的不同，只要有生意，就会出现谈判。

本章以价格谈判为起点，着重阐述了外贸谈判中的一些细节，以及对客户心理的分析和把握。而价格谈判背后的五大因素，则是平时工作中需要不断关注和注意的。

另外，谈判需要有不同的侧重点，针对不同的客户和不同的市场。本章也分析了大订单和小订单谈判中的异同，给大家做参考。

第六章
选择合适的付款方式

在贸易工作中，付款方式一直是令大家感到头痛且纠结的，因为收款安全至关重要，不容有失，尤其是金额大的订单，一不小心甚至会拖垮整个公司。因此，这就使得大家不得不谨慎再谨慎。

由于外贸操作的国界地域问题和具体情况的复杂性，一手交钱，一手交货变得相当困难，现实中几乎不存在这样的操作。对国内的供应商来说，理论上最安全的付款方式自然是在出货前收进所有货款，这样能最大限度地避免损失和潜在风险。

反过来从买家的角度出发，他们自然也希望付款方式能对他们有所保障。如果全额付款后卖家不发货怎么办？发一批次货怎么办？难道打旷日持久的跨国官司？只要不是巨大的订单，那简直就是劳民伤财，浪费大家的钱财和时间。国际贸易的复杂性以及各国或地区之间的法律的不同，使得取证和审判的过程会变得旷日持久，一场官司打好几年是常有的事。

既然如此，那有没有一种折中的办法，可以同时保障买方和卖方呢？

很遗憾，这个世界上并没有绝对的公平可言，也没有绝对的安全，做生意都是有风险的，各种付款方式的风险程度也不尽相同。

因此，本章专门讨论几种贸易中最常见的付款方式，同时分析其优缺点，供读者参考，希望在现实工作中能对大家有所裨益。

另外，本书中的付款方式与常规的贸易教材有所区别，是作者根据自身的工作经验和心得，将几种常用的付款方式进行的浓缩再加工，以求更口语化，更贴近现实。

第六章　选择合适的付款方式

第一节　T/T

T/T（Telegraphic Transfer）：电汇，又称 wire transfer，是指汇出行应汇款人申请，解付一笔款项给收款人。

这是贸易中最常见的付款方式，也是被广大同行公认为最简便、中间程序最少、最直接的方式，类似于我们国内常规交易：一方交货，一方给钱。

但是在外贸中，一手交钱，一手交货不现实，因为供应商一般不会在仅仅收到一纸合同就立刻安排生产，即使资金方面充裕，还是会觉得缺少保障。所以，为了规避风险，就会引入 deposit（订金）的问题。供应商收到订金，也就是预付款，然后备料、安排生产，这样就相对合理，也符合国际惯例。客户如果取消订单，订金是不予退还的。

在一般的国际贸易中，大部分的 T/T 都是有订金的，只是比率不同，少则5%，多则50%，要根据实际情况和具体产品来确定。当然，客户的信誉、规模以及配合程度等都会在某种程度上影响订金的比率。如果是大客户或知名客户，可能会付极少的订金表示诚意，也有可能不付订金；如果是老客户，由于长久合作，大家彼此信任，也了解对方，订金可能从最初的40%下降到10%，甚至取消订金；如果是第一次合作的客户，因为双方不了解，为了共担风险，30%左右的订金也很正常。

虽然 T/T 操作简便，只需提供银行账号就能让客户轻易转账，除了必需的银行手续费外，几乎没有其他的费用，能让供应商尽可能多地收到款项；而且对于客户来说，如今发达的银行网络使得付款变得方便，通过网上银行转账甚至不用一分钟就可以搞定，不需要去银行排长长的队，耽误大半天的时间。但是 T/T 也有两个极大的缺陷，一是尾款的收取，二是大订单的付款安排。

缺陷一：尾款的收取

就算没有订金或者只收取一部分订金，但是对于双方来说，尾款才是订单最重要的部分。毕竟订金很少有超过50%的，所以剩下部分的款项才更大程度地决定了这个订单的价值。目前主要有两种方法收取尾款，第一种是客户在货生产完成后验货，没问题就付款，然后供应商出货，也就是俗称的"贷款提货"；第二种是货完成后验货、出货，客户在收到提单复印件后付款，然后供应商提供正本提单，供客户在目的港清关、收货。

这两种方式可行吗？可行，但都有风险。如果贷款提货，那客户承担了大部分风险，如果供应商收到钱后不发货怎么办？如果是见提单复印件付款，那供应商就被迫承担了大部分风险，客户收到提单复印件后不给钱，通过指定货代私自将货提走，或者有意等货物到港后以不提货相威胁，或者随便找点借口要求供应商打折处理，这个时候怎么办？把货运回来，损失更大；如果不运回来，接受客户打折的方案，那还是会给公司带来损失。

尽管世界上大多数都是正当商人，都在老老实实做生意，但难免会有奸商存在，有不好的供应商，也有不好的客户。所以，T/T 的尾款收取本身就存在很大的缺陷。

缺陷二：大订单的付款安排

对于大订单，T/T 的选择就会更难了，主要涉及订金的问题。如果一个订单 100 万美元，客户会接受 30% 的订金吗？估计很难。要外商随随便便就电汇 30 万美金过来，他们自然会有顾虑，担心供应商收了钱会不会私自吞掉，然后消失。但是如果订金太少，只有 1% 或 2%，对供应商来说又不起作用，一两万美元对于大订单的前期投入简直就是杯水车薪。可能供应商采购原材料和安排生产就用了 40 万美金，如果目标市场发生变化，客户不要这批货了，他只损失一两万美元，但所有的风险就会压在供应商身上，这显然是不公平的。

尽管目前很多大订单的操作会 split payment（分批付款），比如先订合同，付 3% 的订金给工厂备料，客户或第三方验过这批采购的原料后再付 7%，然后工厂开始生产，再做几次 in-line inspection（中期验货），比如货物完成 30% 时验一次，付 10% 的货款；完成 60% 时再验一次，再付 10% 的余款；完货后再做 final inspection（尾期验货），再付 30%；最后出货见提单复印件后再付剩下的 40% 的尾款。

可是风险依然不小，首先就是 40% 的尾款，又回到了前面的缺陷一。其次就是每一阶段的付款虽然共担风险，但是一旦发生问题，比如功能缺陷，供应商投入很大，客户也投了钱，一旦谈不拢，其中一方违约，另一方就很麻烦。虽然可以打旷日持久的跨国官司，但经验丰富的老业务员都知道，这种官司除了争一口气外，基本上都是劳心劳力，没

第六章　选择合适的付款方式

有太大的实际作用。

所以，对于大订单的操作，T/T这种付款方式就有些捉襟见肘了。

第二节 L/C

L/C（Letter of Credit）：信用证，在日本和我国台湾地区也叫做信用状，指的是开证行应申请人要求和指示，向第三方开立的载有一定金额的、在一定期限内符合规定的单据付款的书面保证文件。

这个定义很拗口，简单来说就是客户通知当地的银行，由银行出面给供应商出具一份文件，上面写好要求和金额，这就是信用证。只要供应商根据要求提供了上面列明的各种文件，做到这些条款，银行确认无误后就会把钱议付给供应商。

信用证是国际贸易中最复杂的付款方式，也是安全系数相对较高的一种。因为买卖双方可能初次合作、互不信任，买方可能因为订单太大，不方便安排订金，也可能担心预付款后，卖方不按要求生产，甚至拿了钱消失；卖方也担心买方会取消订单，或者交了货以后对方找借口扣款或者直接不付款。这就需要一个第三方介入，为买卖双方提供担保，而银行就是一个很好的担保人。只要卖方和买方严格履行合同，银行就会承担它应有的责任，为资金提供安全保障。这期间，信用证就成了订单货款的担保工具。

信用证正是由于商人们发现了其他各种付款方式的缺陷而产生的，很好地弥补了T/T的缺陷，在如今的国际贸易中被广泛应用，是相对来说较为安全的付款方式。尽管信用证也有弊端，也有这样那样的问题，但总体而言，信用证是买卖双方比较容易达成共识的付款方式，让大家都能够找到安全感。

可以说，信用证的出现，给贸易领域带来了一场重大的革命。

在外贸实务操作中，信用证大致有以下分类：

第一，按开证行所负责任，分为可撤销信用证和不可撤销信用证。

但自从《UPC600》出现后，就规定银行不能开立可撤销信用证！换言之，只要开出信用证，就必须是不可撤销的。这对于卖方是个很好的保障。

第二，按有无第三方银行对信用证做出担保，分为保兑信用证和不保兑信用证。

第三，按付款时间不同，分为即期信用证、远期信用证和假远期信用证。

即期和远期好理解，这里要专门说一说假远期信用证。这种情况一般指的是开证行开出信用证，但有条款规定付款行负责贴现，其中的一切利息和费用由开证人承担。当然，对于供应商，也就是收款人来讲，并不受影响，还是属于 at sight（即期）的范畴。

第四，按受益人对于信用证可否转让，分为可转让信用证和不可转让信用证。

在贸易过程中，很多情况下会有如下情况，一个美国公司下单给一个香港贸易公司买一批家具，付款方式是信用证，而香港公司只是贸易公司，要把订单下给越南的最终工厂，付款方式也是信用证。这个时候就可以要求客户开出可转让信用证，因为有 transferable（可转让的）条款，所以信用证就可以转让，操作会简便许多。本来的两轮交易，两轮信用证，就可以合二为一，变成一次交易。

第五，按信用证议付是否要求随附货运单据，分为跟单信用证和光票信用证。

目前大部分的信用证都是跟单信用证（Documentary Credit），一般客户都需要供应商把提单、发票、箱单、原产地证等文件在议付的时候交给银行，银行审核后付款。

但还有一种很少见的情况，就是光票信用证（Clean Credit）。可以将其理解为很干净的信用证，因为条款里不要求货运凭证，可能只需要发票、箱单或者几份别的单据而已。光票信用证使用得很少，因为对客户而言，缺少物权凭证提交给银行，安全收货就会缺少保障。

除了以上五条，我们在贸易实务和国际结算课本里还会学到很同的信用证，诸如预支信用证、对开信用证、对背信用证、商业票据信用证、循环信用证、红条款信用证、绿条款信用证等，但这些在实际操作中比较少见。

一般来说，用得最多的无非就两种，一种是即期信用证，也就是我们常说的 L/C at sight；另一种是远期信用证，比如说 L/C 60 days 或者 L/C 90 days 等。

由于如今的信用证都是不可撤销的，所以 irrevocable（不可撤销的）这个单词加不加都无所谓，保险起见还是可以加上，比如 irrevocable L/C at sight，就是指不可撤销的即期信用证。长是长了点，但对于一个新客户，要求他开证，还是尽量把话说明白，以免中间有什么误会。

然而，信用证虽然优点明显，风险相对较小，容易被买卖双方所接受，但还是存在几大缺陷，需要我们在实际操作中思考和体会。

缺陷一：手续复杂烦琐

要知道，信用证的手续相当复杂，至少比其他付款方式要麻烦得多。因为这里面至少要涉及四个角色：信用证申请人、开证行、通知行、信用证受益人。当然，最终付款给信用证受益人，也就是出口方的，叫做偿付行，而议付行通常就是开证行。

比如，A公司（进口商）向汇丰银行申请开证，给中国广州的一家出口方贸易公司，姑且把它称作B公司。这个时候，A公司是信用证申请人，B公司是信用证受益人，而汇丰银行美国分行就是开证行。但通常情况下，信用证不会经由汇丰银行直接到受益人手里，而是会通过一个中间银行，有可能会是广州当地的中国银行。在这单交易里，中国银行就成了信用证的通知行。交易结束后，B公司要收款，就需要联系偿付行。这个偿付行可以是汇丰银行，也就是开证行，也可以是信用证指定的其他银行，比如渣打银行、花旗银行等，都是有可能的。

而且里面还会涉及很多东西，比如单据是否一致，不符点有没有，客户能不能接受不符点，"软条款"是否存在，有没有明显的错误或陷阱，是不是有问题发现需要修改信用证，等等。

正因为手续和过程烦琐，对出口方和单证人员的能力要求非常高，审证也容不得一点马虎，否则就有可能给公司造成巨大损失。所以，很多公司对于信用证付款是有抵触的，更愿意用T/T或D/P之类更加灵活的操作方式。

缺陷二：软条款的问题

大家都知道，信用证的软条款很可怕，会给公司造成很大损失。所以，单证人员在审证过程中必须仔细又仔细，确保无误才可以安排生产。如果存在有争议的地方，必须事先跟客户提出，商量修改信用证。

特别是有些客户做光票信用证，要求提单正本另外寄客户或者电放，那就要小心了。如果客户拿到物权凭证，再以不符点为借口，是完全可以拒付的，那供应商就会血本无归。

审证这个环节，必须在前期就做。

缺陷三：不符点

做信用证，一般来说都有不符点。虽然理论上不符点可以避免，但是现实操作中，几乎很难碰到完完全全无任何不符点的信用证议付。

一般来说，单据和信用证规定的任何差异都可以称为不符点，比如一个字母或者一个标点，银行都有理由以此为不符点并扣款。一般来说，可能是50美元或者更多。

但如果有些严重的问题或是银行不敢轻易判断的问题，银行就会终止付款，并跟最终客户确认。只有客户愿意接受不符点，银行才会继续付款。如果客户不愿意接受，理论上银行就会根据客户要求拒绝付款。这样，风险依然存在，而且大部分风险在出口商身上。

当然，如果客户拒付，不接受不符点，出口商可以跟银行讨论不符点是不是真的构成拒付，但银行只能根据单据间的审核给客户提供专业

第六章　选择合适的付款方式

意见，但是最终决定权还是在客户手上。

而不符点本身就是信用证的一个软肋。如果是海外的骗子或奸商，可以在信用证里加入诸如"客户出具的验货报告或者认可报告"之类的条款，结果验货后有意拖延，等货装运以后就以单据不全为理由拒付，出口商就会很麻烦。

如果操作大订单，可能涉及分批出运或者需要转运的，信用证条款肯定会变得复杂。很多时候都会有各种各样的问题产生，导致单与单不一致，或者单据不一致，从而不可避免地产生不符点。对出口商而言，风险虽然没有T/T的收尾款那么危险，但依然存在。

第三节　D/P & D/A

D/P（Documents against payment）：付款交单，指卖方将出货后的相关单据提交给银行，买方通过当地托收行付款赎单，然后提货。

D/A（Documents against acceptance）：承兑交单，指卖方在货物装运后出具汇票，连同各种单据通过银行提示买方，而买方在汇票上办理承兑后，就可以凭单据提货。

从表面上和理论上看，D/P比较安全，D/A则风险较大。一旦客户到了承兑期限拒绝付款，出口商也没有办法，因为货物已经被提走，甚至已经销售完毕，这个时候要追究，肯定只能打跨国官司，那就非常麻烦了。

但是在实际操作中，D/P和D/A的风险是差不多的。很多情况下，客户会要求做远期交单，比如D/P after 45 days，那么，出口商的风险就成倍递增。这个时候，进口商只要出具一份trust receipt（信托收据）给银行，就可以先借出相关单据提货。这样一来，如果这个进口商存心欺诈，没有信托责任，最后损失的就是出口商了，银行是没有责任的。这里，远期的D/P在性质上就等同于D/A，风险非常大。跟客户谈判这类付款方式的时候一定要小心，要自己衡量可行性和操作上的问题。

虽然 D/P 和 D/A 的操作比信用证简便许多，费用上也少了一个通知行的费用，但是银行在托收过程中是不承担任何风险和责任的。所以，业务员在和客户讨论 D/P 这种付款方式的时候必须擦亮眼睛，先查询对方银行的信誉和风险级别，必要时委托专业的第三方机构来做出准确、客观的评估，并决定是否能接受这两种付款方式。

操作 D/P 和 D/A 有一个方便的地方，就是不存在"不符点"的问题，只要提供相关文件，单据金额没有问题就可以。

第四节　O/A

O/A（Open account）：是指出口商在货物出运后，把物权凭证和相关单据直接交给进口商，并在一定时间后再向进口商收取货款的一种付款方式。可以理解为"赊销"。

总的来说，O/A 是所有付款方式中风险最大的，比如 O/A 60 days 或者 O/A 90 days 等。毕竟先出运货物，并交付所有单据，对于出口商而言，手中就失去了任何保障，一旦客户违约，所有的问题都会由出口商承担。

即使是远期的 D/P 或者 D/A，至少还有进口商承兑这样一个环节。但是做 O/A，就连这个环节也省了，基本上完全依靠客户的信誉，没有任何担保或者第三方参与进来分担风险。这个时候，对于供应商来说，就要十分小心。如果不是老客户或是信誉极好的客户，O/A 的选择要十分谨慎。从某种程度上说，O/A 其实可以等同于后 T/T，赊销货物，拉长账期，收款安全就纯粹依赖于买家信用。我们说 O/A 45 days，其实就是出货后 45 天付款，跟 T/T 45 days 是一个道理。

对很多大买家而言，O/A 的付款方式其实很多见，尤其是美国市场就更加普遍了。也许很多客户一开始愿意做即期信用证，甚至做 T/T 带

30%的定金，但是慢慢地就会一步步转向放账。这并不一定是由于客户的资金紧张，而是客户需要规避风险，而O/A就能很好地满足这一点。另外，也是为了操作方便，一个季度、半年或一年结算一次，操作上可以非常简便，比L/C，D/P，D/A都要简单许多，而且更省费用。

第五节　最安全的付款方式

出口商从事贸易行业，自然需要跟钱打交道。要付款给下游工厂或者采购原材料，要把生产完成的产品卖给客户，甚至还要垫付一部分或者全部的货代费用，因此，付款方式的安全性不容忽视。一个不小心就有可能赔了夫人又折兵，损失了钱财也搭上了货物，钱货两空无处申冤，绝对是不好受的。因此，供应商总是寄希望于付款方式的安全，情愿降低利润，都要控制住风险。钱可以慢慢赚，但一旦上当，那可能就连续几个月甚至几年都白干了。

那有没有绝对安全的付款方式呢？理论上是有的，就是100%前T/T，英文叫T/T in advance或者T/T 100% in advance。在生产前收进所有货款，自然是最安全的，钱在手则心不慌，至少不用担心客户不付钱，不用担心货物被轻易骗走。

这么一来，我们是安全了，那客户呢？他们就要承担所有的风险。毕竟生意是相互的，一方零风险，另一方就承担了百分之百的风险。客户会答应吗？也许会，但大多数情况下不会。只要他有别的选择，只要他能在别人那里找到替代品，他就不会答应。

专业的买家或者大买家，不到万不得已是绝对不会接受前T/T这种付款方式的。那这样一来，就会涉及具体的谈判来看双方如何讨价还价、如何彼此让步、最终达成共识。

下面将上文提及的几种常用的付款方式用公式表达出来，根据风险的大小由小到大进行排列。此为一家之言，并非专家意见，仅供读者参考：

T/T 100% in advance < T/T（with deposit, the rest balanced before shipment）< L/C at sight < L/C x days < T/T 100% before shipment < T/T（with deposit, the rest balanced copy of B/L）< D/P < T/T balanced copy of B/L < D/A < T/T x days < O/A

显然，全收钱最安全，全放账最不安全，至于中间具体选择哪一个，则要看双方的协商和谈判水平。

一般来说，中小客户接受 T/T 的可能性比较大，不论有没有订金，这些都可以谈。但是大客户基本上都是以 O/A 和各种远期付款为主，这种情况需要一分为二来看。如果是直接做大买家（direct to big customers），恐怕很难有谈判付款方式的可能。因为他们都有很多稳定的供应商，选择性很强，买方实力远远高过卖方，本身在谈判上就不平等，对方很难自降身价来满足或迁就供应商来做 T/T。除非价格特别有竞争力，以这些特殊的条件来换取买方在付款方式上的让步，则是有可能的。如果是通过中间商来做大买家（indirect to big customers），那就容易很多。因为中间商存在的价值，就是大买家为了规避风险，或者是看中他们的分销能力、对各种资源和渠道的优势、出色的设计能力等而做出的理性选择。这样，中间商承担了给供应商的付款风险，就有机会在付款方式上好好谈判，为自己公司争取更小的风险。举个例子，美国的 Sears（美国著名零售商）直接下单给广州的贸易公司，可能就会坚持 O/A 60 days，但是同样的订单，如果 Sears 下给美国的进口商，付款方式不变，但是进口商再下给广州的那家贸易公司，可能付款就变成 T/T with 20% deposit, rest balanced copy of B/L（20% 的订金，余款见提单复印件付清）。这里，中间商可能赚了 30% 的利润，但是承担了货物的品质和风险，因为 Sears 跟他们发生业务关系，不直接跟广州的贸易公司有任何业务往来。中间商需要保证货物的品质、交期、接受 60 天远期的付款方式，并承担付款上的风险，因为他们要先垫钱给出口方作为订金。

国内很多出口商可能通过中间商给大买家做过几个大订单后心里就开始蠢蠢欲动，想跳过中间商直接给客户供货，缩短中间费用。但事实

第六章 选择合适的付款方式

上，这样做得不偿失，未必能赚到更多的利润。如果你有这个想法，最好先问问自己能否接受收款的风险，能否在这个核心问题上做出让步来迁就客户？

付款方式本身就是一把双刃剑，用好了保护自己，用坏了砍伤自己，都是有可能的。很多时候，对于新客户的开发，付款方式尤为重要，因为它决定了能否开发新客户或新市场。前期的合作不容忽视，尤其是在付款上，必须要让对方感觉到自己有足够的诚意才行。

付出是相互的，谈判的核心就是共赢。双方共同赚钱，双方各取所需，双方共担风险，这样才能让彼此更容易接受。

可以坚持，但不能固执；可以让步，但不能退步；可以低头，但不能输阵。这些是付款谈判的不二法则，要灵活运用，懂得变通。在为自己争取利益时能照顾到对方的感受，在给对方建议时能合理规避公司的潜在风险，这才是一个有素养的专业外贸人员应该做的。

本章小结

做生意，谁都怕受骗上当，出口商会担心，进口商同样会有顾虑。所以，付款方式的选择和谈判，往往会影响业务的开展和谈判的进展。

但是在谈判之前，业务人员必须了解并精通各种外贸付款方式，清楚优缺点和风险所在。这样才能心里有底，才能有针对性地和客户谈判，寻找双方能够接受的共同点。

本章列举了外贸操作中几种常用的付款方式，通过比较异同，提出风险所在，需要大家在平时的工作中加以注意。

第七章
跟进客户的几个关键点

业务开发很重要，但绝对不能够把精力都投在开发上而忽略了后续的工作，陷入了为找客户而找客户的怪圈。

Development（开发）是做业务的第一步。就像足球场守门员的开球，可能直接开到对方后场，可能踢到中场一个不错的位置，也可能直接传给己方的后卫，目的是什么？是组织一次进攻的机会，做一轮配合，来向对方发起进攻。不是第一脚就直接能踢进对方大门，就算有，也绝对是千里挑一、万里挑一的水平结合运气，加上天时地利人和。当然，假若一脚踢飞了，直接到了界外，失去了球权，自然也是有可能的。

因此，在开发以后，还需要 follow up（跟进），也就是我们常说的客户跟踪。客户跟踪分两种，一种是有回复的跟踪，就是在前期开发以后有了基本成效，然后一轮一轮谈判，或是讨论各种细节；另一种就是前期开发以后没什么效果，或者石沉大海，但还是不放弃希望，想找突破点，抓住机会。

其实这是一而二、二而一的命题。虽然侧重点不同，但都说明一个问题：后期的跟踪很重要！就像足球运动，核心就是要控制中场，不是吗？能掌控中场的球权，就等于掌握了优势，就会有更多空间和机会可以发挥。

第七章 跟进客户的几个关键点

第一节 细分目标客户

对营销下过工夫的朋友们一般都知道一个重要的方法，那就是细分目标市场和目标客户。把消费者做不同的分类，从而采取不同的战略，赢得各个层面不同偏好的消费者。像 IBM 的笔记本电脑，它为什么要弄这么多系列？有实用的 R 系列，有轻薄的 X 系列，有高端商务的 T 系列，有工作台性质的 W 系列等，就是因为消费者的选择不同，对价格的考量和接受程度也不同，所以才开发了适应不同消费者的多种系列，甚至可以更换配置，用个性化赢得消费者的特殊要求。

很多公司，特别是 500 强企业，成功的秘诀之一就是在细分市场这块儿做得极其完美，以满足不同消费者的不同需求。比如化妆品行业的 L'OREAL（欧莱雅），旗下有 L'OREAL（欧莱雅），LANCOME（兰蔻），

BIOTHERM（碧欧泉）、HR（赫莲娜）等品牌产品；日用品行业的P&G（宝洁），光是洗发水就有飘柔、海飞丝、沙宣、潘婷、伊卡璐等多条线的产品；奢侈品行业的 Armani（阿玛尼），单纯服装就有 Giorgio Armani、Emporio Armani、Armani Jeans、Armani Exchange 等多个不同品牌来区分消费群体。

我们可以通过 P&G（宝洁）的经典案例来学习细分目标客户的重要性。

案例1：P&G（宝洁）细分市场的多品牌战略

日用品行业鼎鼎大名的 P&G（宝洁），相信大家都知道，它的总部位于美国 OHIO（俄亥俄州），是全球最大的日用品公司，2008 年在财富 500 强排名第 6，也是全球十大最受赞誉的公司之一。

很少有人会说"我不用他们的任何东西"！因为这太难了。特别是对于生活在城市里的上班族来说，就算你不用玉兰油、卡玫尔、SK II，你总需要用洗发水和沐浴露吧？即便你不用飘柔、海飞丝、沙宣、潘婷、伊卡璐、舒肤佳，你还要刷牙吧？会不会用佳洁士和欧乐 B 呢？如果还不用，那你总要洗衣服吧？会不会使用汰渍和碧浪洗衣粉？要是还不用，那会刮胡子吗？会不会使用吉列和博朗的剃须产品？如果连这些都不用，至少有孩子吧？帮宝适的纸尿片总会买吧？还有沾水不容易破损的 TEMPO 纸巾，也是许多家庭必备的产品。对于女性来说，还有安娜苏的彩妆、GUCCI 和 D&G 的香水。就算还是不买，家里总有用到电池的时候，可能一不小心就买了金霸王电池。要是你依然没买，没关系，平时吃薯片吗？品客薯片口感还是不错的。若是女性朋友，每个月那几天的时候，护舒宝会不会买？

看了以上这些后会不会吓一跳，P&G（宝洁）的产品已经延伸到我们生活的方方面面，很难完全避免，可能你哪天买了个新品牌的产品，结果翻过包装一看——又是宝洁的！

能把一个行业做到他们那样成功，绝对是凤毛麟角。但是我们要学习的是他们在战略和定位上的策略，这也是他们最成功的地方。虽然说品牌的打造很重要，但是打造品牌之前，对于目标市场的细分和精准定位才是他们最厉害也最恐怖的地方，往往令同行望而生畏。

我们以洗发水为例，P&G（宝洁）为什么要做那么多品牌？难道不能只做一个很完美的产品吗？比如把去屑、柔顺、营养等功能包含在一起，做一款"完美"的洗发水，不可以么？答案是可以的，技术上一点不难，完全能做到。但是问题来了，每个消费者都有不同的喜好，你又怎么能确认这一款产品能够满足所有消费者？

所以，多品牌策略是为了更好地区分目标客户、细分市场、有针对性地开发客户，从而取得最大的产出，也就是我们经常说的差异化营销。

洗发水的多品牌，并不是在洗发水外面贴上不同的牌子就可以，而是要追求同类产品的不同品牌之间的差异化，找到不同点，迎合不同的消费者。打广告、包装设计都有不同的针对性，注重打造每个品牌的鲜明个性，在市场和消费群体间就不容易造成重合，能最大限度地开发不同需求的客户。

飘柔（Rejoice）：侧重于头发的柔顺自然。在国内的广告一般都选用年轻且不知名的美女，有邻家女孩的感觉，像戴望舒笔下那个结着愁怨的姑娘丁香一样。头发飘逸自然，一头黑发简简单单，给人一种自然的柔美，满足了很多年轻女孩的需求。

海飞丝（Head & Shoulders）：从来就把去屑作为核心内容，给人干净舒爽的感觉。海飞丝广告略有不同，喜欢选用明星代言，崇尚品牌和产品品质。在原有各个系列上，近两年海飞丝又推出专为男士设计的洗发水，邀请功夫巨星甄子丹代言，传递一种力量和阳刚美，并在日本研究中心开发了新款的高档产品，在战略上又实现了一次突破。

沙宣（Sassoon）：宝洁重点打造的"专业"产品。不断强调这是专业的洗发水，就是给消费者一种沙宣能和理发店洗发水相媲美，在家里也能享受到理发店服务的感觉。沙宣通常选用国外的美女做广告，既强调了产品的国际化，又与现有系列做出准确的区分。

潘婷（Pantene）：一直侧重于头发的滋养护理。广告和品牌宣传围绕滋养头发和头皮、对头发的营养保健来进行，给人感觉就是：头发干枯或者没有营养,用潘婷会有所改善。

伊卡璐（Clairol）：强调天然植物精华融合高山泉水给人天然纯净无污染的印象,赢得了许多消费者的喜爱。这个品牌相当厉害,曾是P&G（宝洁）从施贵宝公司收购整合后,用来打败联合利华、德国汉高和日本花王的重量级洗发产品。

可以看出,在品牌塑造上,P&G（宝洁）下了工夫,建立了不同的消费诉求。而建立这些诉求的前提,就是先对目标市场和目标客户做准确区分,然后通过不同的产品形象和侧重点来开发不同的消费者。从这一点上看,它可以算是世界上最成功的公司之一。

我们能从这个案例中学到什么？答案很简单——细分目标客户,有针对性地开发。对于外贸行业来说,外贸出口同样是销售的一种,要面对不同的买家,跟不同国家的客户打交道,这个规则同样适用。

细分市场对于大部分出口企业来说可能还太遥远,还有很长的路要走,目前还仅处于外贸的起步阶段,做的是 sales（销售）,而不是 marketing（市场）。只有当积累到一定阶段,或者在某一市场有极大的优势时,才谈得上根据目标市场来制定具体的市场策略。

大部分公司还在一对一地开发客户,以产品和自身优势为导向,从而争取订单。这种情况下的销售虽然谈不上细分目标市场,但同样需要细分目标客户,要根据客户的不同情况,根据所处的国家、消费能力、市场潜力、原有产品线、中间渠道、销售策略、终端客户、预期采购量等来做出评估,同时还需要了解所在国的相关贸易政策、进口关税、海运空运和内陆运输成本、相关测试标准等,以此来作为开发的基础。心里有底,做起事来就容易许多,会有事半功倍的效果。

这招儿说难不难,说易也不易,需要有强大的搜索能力和人脉关系。通过各种渠道得到更多的信息,对目标客户有更多的了解,才能有针对性地开发和进展下去,把客户群缩小到每个客户身上,从面到点,各个击破。另外,语言能力很关键,特别是英文,因为它毕竟是世界通用语言。很多客户的信息或相关资料,中文方面的很少,不会有太大的参考价值,还是需要从海外的网络上寻找更多和更全面的信息,以便给业务员更直观的概念。

第二节　量化日常工作

对于刚踏入外贸行业的新人而言，可能短期内很难形成良好的工作习惯，对于开发和后期跟进不会有太多经验。这个时候，就需要把日常工作量化，制订完整计划，来引导自己一步步进展下去，而不至于手足无措，不知道每天该干什么，或是东打一枪西打一炮，结果弄得一团糟，最后自己都不知道做了些什么事。

我的建议是，要先列好自己要做的事情，做好工作计划书，然后按部就班来完成，并不断整改、修正，慢慢地，就能形成一套自己的工作习惯，做事才会事半功倍、游刃有余。或许在某一天，你会猛然发现，原来自己一天内居然能完成这么多的工作！那种强烈的成就感是无法用金钱来满足的。

我们读小学最早学习写作文的时候，老师都会教我们要先列大纲，提炼重要内容和中心思想，列出每一段要写的东西，这样就不容易跑题，写起来也会相对容易。多年以后，水平提高了，经历也多了，文字越来越纯熟，自然就不用再写大纲了，因为良好的习惯已经通过幼时的锻炼得以形成。

工作也是一样，刚开始的时候建立的良好习惯和思维方式会让人终身受益。

对于新人而言，我对日常工作的建议是：20%用于开发客户（不论是新客户还是老客户），40%用于跟进客户，20%用于调查和了解各类信息，10%用于学习专业技能，10%用于提高语言水平和沟通谈判能力。

当有了一定的工作经验后，一般老业务员都会有一定的客户群，也会有各种好的平台，比如展会之类的，而且自身变得十分专业，那开发上就没有必要花太多时间，可能会缩小到5%，多出来的15%就会放在人脉的建立和积累上。因为一个行业做久了，专业、能力、语言和服务固然重要，人脉也不可或缺，朋友多了形成一个圈子，介绍来介绍去，生意会变得越来越好。

我当年刚踏入这个行业的时候，一般是这样分配工作的：每天上班的第一件事是先打开本子，翻看前一天记下的"明天要完成的事"，提醒自己不要忘记；其次是打开电脑，收进所有的邮件，大致浏览后，在需要立刻回复、当天回复的邮件上做好记号，同时记在本子上"今天要完成的事"里面，然后把不需要当天回复的，同样做好另一种标记，并记录在本子上另外一栏"明天要完成的事"里面；这些完成后，再打开B2B（Business To Business），进入后台，查阅询盘，然后重复上面的动作，归类到"今天要完成的事"和"明天要完成的事"里。

通常情况下，我做事不喜欢拖拖拉拉，当天如果有时间，很多事情便可以提前完成。当天如果没有时间，最紧急和最重要的事情处理完后，剩下的工作可以放到第二天，但没有特殊情况绝不容许拖到第三天。效率在外贸行业中非常重要，第一次拖拖拉拉就会造成第一百次的慢慢吞吞，借口总是找得到的。

这样一来，基本上在早上的一小时内就完成了当天和第二天的工作计划，然后就可以一条一条按部就班进行下去了。另外，每天不管多忙，都要花时间浏览英文的新闻和相关信息，很多东西对工作是有用的，要了解世界行情，包括经济、贸易、金融方面的东西，不一定要很专业，但要有基本的了解，一旦有问题，会大致知道一些，对工作也会有所帮助。这一条同样可以在潜移默化中提高英文水平和阅读能力，时间长了就能形成英文的思维习惯，这样考虑问题和处理邮件就能更容易得到欧美人的认同。

比如说，可能你在新闻上看到一条这样的新闻：国际原油价格暴涨，美国高盛和摩根斯坦利对市场前景表示担忧，远期依然看涨石油。这种情况下，如果你做的是塑料瓶子的出口，比如PC、PE之类的材料，你就要很清醒地联想到这些产品的价格要涨了，是不是应该跟客户谈谈，先下单备料，或者先下个大单来抵冲未来潜在的原材料上涨等。

这些消息都是能从网络上轻易获得的,只要是有心人,就能看到很多别人看不到的东西,能想到很多别人想不到或者暂时没有想到的问题。多走一步,才能让自己更加专业。

当养成量化日常工作的习惯后,工作上的"规模经济"就会出现,效率会大大提高,能完成大量甚至惊人的日常工作。业务员的个人能力会飞速提高,"专业"就不再是一个很遥远的词。

工作要量化,回邮件要量化,处理询盘要量化,客户跟踪同样需要量化!

特别简单的邮件可以即时回复,但是关系到产品、价格、交期之类的细节的邮件,就需要先将其进行分类处理了:先回复最重要最紧急的,然后回复不重要很紧急的,接着回复很重要不紧急的,如果时间还很多,再处理不重要且不紧急的。

第七章 跟进客户的几个关键点

询盘的处理也是一样,根据重要性和紧急与否来做好分类工作,量化到每个时间段处理的事情,然后与回复邮件一样,穿插工作,交替进行,完成邮件回复和询盘处理这些日常的重要工作。

跟踪客户很重要,对于业务开发而言,它才是核心内容,决定了订单是否能够拿下、能否给客户带来专业的好印象,甚至还能决定公司的形象以及你的个人形象。

同时要做好表格,对跟踪的客户做好记录,以便有据可查,我把它称为 follow up chart。比如哪些客户有重要回复(就是有实质内容的),哪些客户有敷衍回复(一句简单的 thanks 之类的),哪些客户没有回复,等等,然后分类去跟进。尤其对于没有回复的客户,要花时间去调查原因,然后分时间段继续跟进,再根据实际情况来考虑是果断放弃还是坚持跟下去。

为什么有些人一两年就能从底层做到主管?为什么有些人五六年还在做着底层的业务员?成功虽然需要机遇,但能力更重要!把工作进行有效量化,养成良好的习惯,走好第一步,跟好每一步,才是培养和快速提高个人能力的关键!

第三节　该出手时就出手

刘欢的《好汉歌》里有这样一句歌词：该出手时就出手，风风火火闯九州。

做生意也一样，需要一直保持良好的状态，随时可以出手，有工作激情，做事雷厉风行，给人努力上进的好印象。

一个优秀的业务员，要像武侠小说里那种神秘的高手，挥剑而出的一刹那，心冷、血热、头脑冷静；像金庸的"重剑无锋、大巧不工"；像古龙的"一招决生死"，让对方觉得你是高手，让外人不知道也看不透深浅。不出手则已，一出手就要震住对方。

业务谈判就是这样，如果对方看不透你的实力，摸不清你的底牌，那么，这种神秘感的存在，在某种情况下会左右谈判的进程。在跟进客户的时候，要一直让对方觉得你很专业，你知道他需要什么、什么样的产品适合他和他的市场、他当地的物流成本、你的产品在当地的零售价、他所在国的贸易法规和进口关税等，他会很钦佩你，会把你当作平等的生意对手来谈判。这无形中就不会使他过分地压榨你，因为他认为你很专业、很厉害，是expert（专家），比他懂得多，会给他一些好的建议。

所以，业务跟进的时候，要把握时机。一般来说，效率第一，但当跟进没有效果的时候，就需要适时分析原因了，比如价格是不是太高？包装是不是客户不喜欢？材料是不是不适合当地消费习惯？产品有没有参数或认证的问题？先动脑筋，然后把自己的想法和分析整理出来，再适当跟进，征求一下客户的意见，很多时候会有出其不意的效果。你一下子触到对方的软肋，可能就会获得成功。

要知道，买方很多时候是很主观的，他们会有老供应商，会有核心供应商，各种机会很少甚至根本不会外流，而仅限于那么几家之间分享订单。这个时候，如果没有主动的开发和出击，根本进不了买家的视线范围。

比如我自己，同样也有很大程度的倾向性，新的项目、重要的项目或者是大订单，基本上会不假思索地全部给老供应商。只有当老供应商价格或交期有问题，或者是没有经验做这类新东西时，我才有可能在外面询价。但同样也会有例外，曾经就有一个新手从我这边抢下原先准备下给老供应商的大订单。

案例2：初生牛犊不怕虎

这是半年前的事。那时候我在日本出差，去东京看一个展会，顺便寻找订书机的供应商。当然，参展的目的只是看看新产品和新设计而已，并没有太大的采购欲望，因为主要订单必然还是打算给老供应商。

但是回来以后，有一家上海的贸易公司联系我，写了一封开发信，说是在展会上拿到了我的名片。当然，我不可能有太多的印象，毕竟没有深谈些什么。后来这个业务员又一连发了四封邮件给我，介绍了他们公司、现有的市场和合作过的主要客户，拍了些样品间图片，也推荐了一些产品，给了报价。

说实话，我并没有仔细看，只是把这些归类到历史邮件里而已。但接下去问题来了，他差不多每两周都会给我推荐一些他们新出货的产品，报一些价格。尽管我一直没有回复，但是他一连坚持了两个多月，我一看到这个邮箱，就知道他又来推荐新产品了。

两个多月后，美国总部告诉我要采购一系列的美工刀，我虽然还是让老供应商去报价，但是也转了一份给这个贸易公司，因为他给我印象很深，而且过去推荐和报价的产品里的确有很多美工刀。

结果这个贸易公司的效率很高，当天就有了回复，同时寄了样本、样品和他的名片给我。这个时候，我的几家老供应商都没有给出报价。所以，在看过样品后，我决定给他个机会，便下了个试单过去：2 000把，做3种颜色，25天交货。这时候老供应商的报价来了，比这个贸易公司高15%，我给出目标价，结果他们都做不了。

试单效果不错，如期保质保量完成，我请第三方机构验货，也非常

第七章　跟进客户的几个关键点

顺利。有了这次的顺利磨合，接下去就将 100 000 把的正式订单下过去，因为他们很负责、很专业，所以我很放心。

后来大单下过去后，我去他们公司拜访，跟这个业务员见面，结果发现他仅 24 岁，才刚过试用期。我很惊讶，一问才知道当时他们公司的业务主管和老板都不看好我的订单。他们觉得与我只在展会上见了一次面，知道我是大买家，没有谈具体的项目，也没有要什么报价之类的，谁都没兴趣跟下去。而就是这个刚毕业的新人，不断跟进，一直不放弃，给我留下了很深的印象，结果机缘巧合，从一个小订单切入，他们公司顺利成为我的主线供应商之一。

所以说，初生牛犊不怕虎！年轻人就应该有冲劲，不要动不动就说客户差，说展会回来没效果，说询盘都是垃圾，关键还在于个人能力和主观能动性。是不是够努力，是不是已经发挥了全部实力，是不是把每个细节做到了极致、没有任何需要改进的地方，是不是给客户留下了很深的印象，等等，这些都是关键，是打破客户原有供应链，或者在新项目中分一杯羹的好机会。

机会必须依靠自己来争取，光凭等待它不会自己砸到你头上，就算有一时的运气，也不会有连续的机会。守株待兔，也许能逮到一只兔子，也许半只都等不到。不要抱怨，要试着去改变，要反思和寻找自己的不足，好好想想客户为什么下单给别人而不下给你？你有什么优势能吸引客户跟你合作？你应该怎么做才能吸引他的注意力？能想明白这些问题并在实践中付诸实践，订单离你就不会远。

该出手的时候一定要出手，动作要快，不能犹豫，你慢了，机会就被别人拿走了，客户不会无休止地等待。

展会也好，询盘也好，任何时候都要尽一切可能在第一时间回复并给出专业的建议。不要问客户"这样做行不行"，而要告诉他"我们有以下几个建议，您选择哪个？如果您对我们的方案都不满意，请问您有什么特别的想法吗"？

出手要快，要化被动为主动，让客户跟着你的思路走。

进攻是最好的防守，不是吗？当你一个一个地回答客户的问题，终究有漏洞百出、无法自圆其说的时候，或者到后来就直接被问到无话可说,那客户怎么能相信你足够专业?尤其是老业务员,更要避免陷入习惯性思维的误区,一有询价就问详细资料,一报价就问目标价,这样会失去很多好的机会。

第四节　不要戴有色眼镜看人

当我们去大厦里买东西的时候,如果营业员摆出一副看不起人的嘴脸,对你爱理不理,你心里会好受吗?当你询问价格的时候,营业员皱着眉头、做着自己的事情,头也不抬起来,很不耐烦地回答一句"八千块,我们从来不打折"。言下之意就是她不觉得你有能力买得起,或者她不认为你会花钱在这里消费。这个时候你怎么办?赌一口气、咬牙买下来维护自己的面子?其实没必要,很多客户会笑笑,无所谓地离开。大不了去其他店,没什么了不起的。

这样换位思考一下,就很容易理解客户的感受了。做贸易也是一样,很多客户没有跟你进展下去,没有跟你谈下去,或许就是因为他感觉受到了"歧视"。尽管你事实上并没有,但是只要他有这样的感觉,机会可能就会失去,谈判或许就此终止。

很多朋友虽然嘴上说对客户一视同仁,但是真正做起来却非常困难。比如今天收到 7 个询盘,其中有 2 个是美国的,有 3 个分别是德国、法国、瑞典的,剩下的 2 个是印度和内地一个贸易公司的。你会怎么回复?

我相信大多数人都会优先处理美国和欧洲的询盘,接下来有时间的话才会处理印度和内地那两家贸易公司的。因为他们潜意识里已经有一个想法:内地的贸易公司成交很困难,很容易找到便宜的工厂;印度人砍价太厉害,基本没有什么成交的可能;欧洲人和美国人相对好一点,机会更大。

如果这样想,那就大错特错了!

欧洲和美国整体经济水平的确较高，客户的素质相对会好一点，发展中国家因为实力和消费市场的原因暂时还不如欧美，但这不是可以用"等级"区分客户的理由！

假设我是内地的贸易公司，向一家工厂询价，他们爱答不理，非常怠慢，几个电话都催不出什么结果，语气和态度都很恶劣，我会有什么感觉？我会告诉自己，既然他们这么势利，我有订单也绝对不下给他！看，无形中就得罪了一个潜在客户。你怎么知道对方很难合作？你怎么知道对方就一定会为了价格到处拼杀？你又怎么知道对方不会和你成为朋友，未来大家一起赚钱？公司和公司之间在很多地方会有竞争，但有些时候也是可以互补的。做生意，永远要让人感觉到你很客气、彬彬有礼，就算客户暂时没订单，但是你给他留下的印象很好，或者他觉得对你有点抱歉，麻烦了你这么久都没有给你订单，那将来合作的可能性肯定会很大。

中国人常常说"和气生财"、"买卖不成仁义在"，这些千百年来信奉的商业规则，自有其存在的道理。如果我们能继承下去并发扬光大，一定会使中国商人赢得更好的国际声誉。

要尊敬客户，不论他持哪国护照、是哪种肤色，都要用心和对方交流，不能敷衍，不能怠慢。要知道，任何一个客户都有可能成为你未来最大的客户！

当然，重视欧美询盘，优先处理，这也没错，毕竟工作有先后很正常，事情要一步一步做。但如果放弃其他的询盘，那就不对了。忙不是借口，每个人都很忙，时间是挤出来的。但千万不要主观上歧视某些或者某群客户，不要觉得我的东西很好，对方可能买不起，或者对方不会买。因为这仅仅是你的猜测，任何国家都有低中高市场，任何市场都有不同的消费者。最富的国家有穷人，最穷的国家也有富人。就像美国，有很多大百货公司、大超市，甚至高档超市，但同样有很多小店、shopping mall（大型购物中心）、"一美元店"，这很正常。

再看印度，整体实力的确比不上欧美，但是印度的中产阶级和富人数量也是很可观的，毕竟是仅次于中国的第二人口大国，市场潜力无比巨大，为什么要局限于"他们价格太低、我们做不了"这样的思维死角呢？没试过怎么知道？一旦被你抓住机会，也许总利润远远超过那些人口不多的西欧发达国家，要知道一切皆有可能！

还有一点，就是固有思维的局限很多时候反而会降低成交率。因为大多数人都有这样的思维：先处理欧美询盘，再处理澳洲、日韩、南美，接着是中东和我国港台地区，最后是非洲、印巴、我们内地的贸易公司、第三世界国家的询盘。

因为大多数人都这样想，也这样做，结果就是越往金字塔顶端越难抢下订单。比如美国的询盘质量很好、针对性很强，这个时候大家都会抢着回复，拼效率、拼专业、拼实力、拼价格、拼服务……拼到后来就算抢下了，可能只是个小单，付款方式又不好，要求又高，操作麻烦，利润还很低。

为什么不换过来想想呢？同样一个询盘，美国人、德国人、英国人、法国人发出去，可能收到 100 份报价，你胜出的概率是 1/100；东欧人发出去，可能收到 50 份报价，你胜出的概率是 1/50；中东或我国港台地区的询盘，可能收到 20 份报价，你胜出的概率是 1/20；如果是印度和非洲小国的，可能总共就 3 个人报价，你胜出的机会直线上升到 1/3！

用简单的概率统计就知道哪个机会更大？当然是竞争对手越少的机会越大。假如就你一个人报价，客户就只联系你一个，那最好不过。

第七章　跟进客户的几个关键点

当然，这只是一种理想状态，但在某种程度上反映了实际的情况。很多公司觉得做 B2B（Business To Business）效果不好，很多询盘虽然质量不错，每天的数量也很多，但是一年下来真正成交的却寥寥无几，最后便得出结论：B2B（Business To Business）都是垃圾。但是在骂之前有没有好好找找原因，是不是在处理询盘上有太大的倾向性，"歧视"和"忽略"了一部分客户？在欧美询盘上，又没有太大的优势和实力去打赢别人？

最要不得的就是我曾经接触过的几个工厂业务员，只回复欧美的询盘，还必须有详细准确资料的才给报价，否则就立刻忽略，当做没看见，情愿每天上上网、看看电影、玩玩游戏，也不愿意去努力开发和争取客户。

也许是由于身在工厂，至少不愁客户资源，订单一直都有，生产也很忙，没有必要拼命去开发客户、开发订单，小订单没兴趣，大订单嫌麻烦，除了发达国家有针对性的准确询盘，别的一概不理，贸易公司订单永远不接……结果就是自身能力被重重限制，一年一年过去却没有太大的变化和提高，没有成长，不会变得专业。形势好的时候没问题，一旦外部形势和整个行业不容乐观，优胜劣汰下就必然会自吞苦果。

我们为人处世应当知礼、懂礼、守礼，坚持不懈走下去，要"莫愁前路无知己"，要"风物长宜放眼量"。有足够的耐性和气度，不计较一时的得失，不做毫无意义的抱怨，从心态上摆正自己，对客户一视同仁，机遇往往会在某个拐角出现。

任何一个微小的细节，都可能会引起蝴蝶效应。

第五节　努力维系客户忠诚度

相信每个业务员，都希望能把潜在客户变成现有客户，把现有客户变成老客户，把老客户变成大客户，把大客户变成核心客户。

拿破仑说过，不想当将军的士兵不是好士兵。我觉得，不想把客户培养成老客户的业务员不是好业务员。

这里面牵扯到一个问题，那就是"忠诚度"。客户为什么要选择你？为什么要把你作为主要供应商？为什么要长久跟你合作？要实现这些梦想，靠单边行动作用不大，就像美国打伊拉克和阿富汗，是为了反恐，但全球反恐形势大大好转了吗？实际上作用非常有限。

所以，不仅仅是业务员有多专业、多努力、盯客户盯得多紧就能解决的，还关系到"互动"的问题。以下列举了十个需要注意的地方，帮助业务员们在工作中开发新客户、维系老客户，以构建起相互之间的"忠诚度"。

这不是教条，也不是需要奉之圭臬的教科书，而是朋友之间的交流。至少在笔者看来，这十条是构建客户忠诚度的必要条件，缺少了一些，也许短时间内不会出现问题，但一旦有了问题，彼此间的裂缝会变大，以至于双方越行越远。

沟通第一

在欧美，外商们喜欢把 communication（沟通）这个单词挂在嘴边。经常会说 good communication（良好的沟通），基本上就是指对谈判很满意。往往这不是指谈判本身，而是满意于谈判的结果，达到了客户的要求和目的。

不论是邮件、传真、电话、见面，还是各种聊天工具，都绕不开"沟通"二字。最早的时候，沟通是指"挖沟使两水相通"，后来才引申出如今的含义。但要使两水相通，就必须有挖沟这个动作。

我们做生意也是如此，要拿下订单，就必须通过沟通使得彼此信任，使得彼此放下戒心，使得彼此对对方有信心，这样才是完美的。

我要说的是，沟通不等于谈判，只是人与人之间的交流。谈判在某种程度上只属于沟通的一部分。

平时给客户报价、介绍自己的公司和产品、见面时的交流、一句简单的问候、节日时的一张电子贺卡等，都属于沟通的范畴。关键就是让对方知道你一直都把他放在心上，你一直很关注他的事情。这样，对方会觉得很温暖。

而不是一个询价、一个报价，没有任何多余的话，冷冰冰的字眼，让人不会感到舒适和愉悦。虽然讲究公事公办，但要体现出良好的服务态度，这就需要通过沟通来实现。谁都喜欢住五星级酒店，不只是因为它硬件设施够好，良好的服务同样很重要。

对于跟进客户，沟通是贯穿始终的，说得直白一点，要有始无终，一直联系下去，一直跟进下去，这样生意才能长久，彼此间的关系才能长久。

虽然大多数外商没有中国人这么讲人情，但也不是绝对不近人情。只要是人，就会有倾向性，要让他觉得你是个 nice guy（不错的家伙），这就行了。

第七章　跟进客户的几个关键点

Nice guy 这个词，虽然在美国用得比较普遍，但也只有当美国人真心觉得你不错，非常非常喜欢你时才会用它来形容你！

宋祖英有一首歌曲叫做《心与心不再遥远》，里面的词写得很好：

> 这世界曾有很多很多的冰川，人与人之间一度感到冷淡。当真情带着花信向你微笑，天地顷刻被阳光灿烂。别说我们之间有一片海，其实走近并不难。只要我们用信任织成帆，心与心便不再遥远。别说我们之间有一座山，其实牵手也不难。只要我们用宽容铸成路，心与心将从此相连。

沟通能破冰，能化解误会，能消弭隔阂，为什么不能用心待人、用心和对方沟通呢？

互动第二

把沟通放在第一位，这是没错的，但沟通之后就需要互动。如果没有互动或者缺少互动，那说明沟通得还不完美，中间还有很多问题没有解决。

我们写开发信、报价、打电话，目的是什么？近期是希望得到客户的反馈，把项目和谈判进展下去，远期是希望得到订单，更远期是但愿把客户做牢，发展成老客户和大客户。

互动是非常重要的一个环节，也是客户跟踪必不可少的部分。如果没有反馈，如果没有进展下去，很多人就放弃了，就转而做别的，或者重新开发新客户，寻找新机会。这样做虽然没错，但等于这个客户的前期工作全部白费，所有的投入、精力全部打水漂，甚至还会对信心造成打击。

所以，一定要注意互动，千万不要在开发以后或者报价以后就不闻不问，被动等待消息，等客户的回复。这是错误的，我一直强调主动、主动、再主动，要尽可能换位思考，给客户好的建议，了解真实需求，用专业的技能和良好的服务来征服客户，使他对你感兴趣。

一旦接触多了，双方不时会讨论新的项目，不时会对某些细节交换意见，不时会交流新产品的情况或者老产品的销售情况，那客户和供应商之间的联系就越来越深，而不是表面上的"点头之交"。

要跟客户拉近关系，慢慢建立起忠诚度，这一步必不可少。

专业第三

专业不仅是对展品和行业的精通，也是展示个人能力和个人魅力的一个良好契机。

只要客户觉得你够专业，就会对你们公司有不错的印象，只要印象好，很多事情就容易谈下去。只要能保持谈判和沟通，一直有互动，那正式的合作也不会很远。只要有了合作，才能慢慢建立忠诚度。说白了，只是一个时间和过程的问题。

很多人会问，怎么能变得专业？

这个问题其实可以用一句话来回答："闻道有先后，术业有专攻。"如此而已！

诚信第四

不管是做事还是做人，诚信是取得对方信赖的根本。

不仅要诚实，而且要守信，答应对方的事要尽可能做到，做不到的时候也要有担当，承担自己该承担的责任。每个人都会做错事，只要不是原则性错误，一般客户都是会谅解的。

相比不犯错误的人，那种犯了错误但勇于担当、为人诚实守信的业务员更能给客户留下难忘的印象。

不论何时，不论何地，都要有自己的底线。做生意用些小技巧、小手段无可厚非，谈判中同样有尔虞我诈，但重要的是不能忘本。

我们中国人有句话叫"内圣外王"。如果专业、实力、个人素质等，可以称作"王"，那诚实守信的品质就是"圣"，这是由内而外的。在境界上高一筹，时间长了，自然会逐步体现出来。

外贸行业里，要让客户对你忠诚，诚信是绝对不能丢弃的！任何时候都不能！

至于这里把它放在第四位，是有原因的。如果没有前面三项，沟通、互动和专业，那客户又如何知道你的良好品质，赞赏你的诚信呢？

只有先认识你，了解你，进而被你的诚信所打动，这才是建立长久客户的不二法则。

产品第五

谈生意，离不开产品。目前中国的外贸出口行业还是以产品或原材料为主，是实实在在的东西。而抽象的东西，比如服务类的，自然也有，但是相对较少。

所以，我个人认为，广义上的"产品"，指的就是业务员所销售的东西，不论是有形的还是无形的。

既然做销售，就必须对自己的产品非常了解、非常精通。如果客户比你还懂产品，怎么能放心跟你合作？

如果产品有特别的卖点适合客户的市场，或者有独特的地方不容易被轻易复制，那就更加理想了。

实力第六

实力包括两方面，一方面指公司的实力，另一方面指个人的实力。

如果公司有一定的历史，或者有自己的工厂，或者有大样品间，或者做过很多大买家，或者能灵活接受各种付款方式，这就是公司实力的体现！

尤其是一些欧洲国家的客户，特别喜欢"老字号"。如果你公司有几十年历史，甚至是百年企业，那就要好好突出这个强大的优势，因为它可以吸引很多客户。

个人实力，更多的是指个人的业务能力和诚信的品质。当公司和个人实力都达到一定程度的时候，就会产生强大的化学效应，不是一加一等于二这么简单，而是一加一远远大于二。

价格第七

要把客户做成老客户，使之能够跟你长久打交道，价格是其中一个绕不过去的问题。

并不是说价格低就好，而是价格要合理，而且要稳定。比如今天报价1美元，客户需要商量和讨论，结果3个礼拜后下单时居然被告知现在的价格是1.5美元，客户怎么高兴得起来？

特别对于一些大客户，需要的是一个恒定的价格，比如一年的报价有效期可以让客户从容作出决定，根据每年的销售情况来安排采购计划。如果打算促销，还可以追加紧急订单，而不用每次下单都要在价格上有所争论。

所以，价格问题往往也是一个公司实力的体现。如果是工厂，能很好控制管理成本和各项支出预算，给客户长期的价格有效期；如果是贸易公司，能控制住合作工厂和下游供应商的报价，同样体现了公司的实力！

对于客户而言，核心供应商肯定是在价格上有相当优势的！

记忆第八

这是对于业务员的要求，也是必不可少的一项要求。必须清楚记得与客户谈判的过程和细节，比如最早是如何接触到这个客户的，当时谈了些什么内容，价格怎么样，客户有什么偏好和特别要求，等等。如果不能准确地记住，就必须借助于笔记将其完整详细地记录下来，便于后期跟进的时候通过这些记录唤起最初的那些记忆。

很多时候，客户会接触许许多多的供应商，对你根本就没有印象。如果你能提供一些细节，让客户准确地想起某个时候跟你的谈话，或者是谈判的细节，这样就会拉近彼此的距离，将谈判进展下去。

业务员要有良好的记性，如果记性不好，就要勤记笔记，一旦需要寻找以前的内容，随便翻一下就可以了。

假设有一天，在展会上见到一个客户，你能第一时间回忆起上一次展会或者前几次展会上也见过他以及当时聊的内容，那么，客户就会一下子对你好感大增。

灵活第九

做外贸，不能死板地局限于现有的产品、现有的品质、现有的付款方式、现有的公司规定等，只要不涉及原则性问题，一切应该都是可以

第七章 跟进客户的几个关键点

谈判、灵活变通的。

　　这往往对业务员的要求很高，他们的思维要灵活，能根据客户的要求量身定做不同的方案，能针对不同的客户和不同的市场提供不同的产品和服务，能给出专业和良好的建议，这些才是一个优秀的业务员应具备的基本素质。

　　比如品质，即使你的产品很好、品质一流，但是价格比客户的预算增加了几倍，客户肯定不会考虑，你也会失去这个客户。为什么不能稍做修改，把方案做些改动，想办法降低各种成本和费用，达到客户的要求呢？

　　再如付款方式，很多供应商坚持30%的定金，而且发货前收进所有款项。这对于供应商是个保障，但是客户会接受吗？事实上大多数客户都不会同意。因为这样的话客户将承担所有的风险，这完全不符合西方"平等"的商业惯例。为什么不能和老板商量一下，使得付款更加灵活呢？比如信用证或者见提单复印件收余款和中信保谈谈保险的问题等，都是可以有效解决这类问题的。不要偷懒，也不要用This is our policy（这是我们公司的规定）这类答案来回答客户，那样会失去很多机会。

售后第十

　　每个业务员都知道售后服务，但是相信90%的供应商都做不到这一点。因为利润太低，因为外商的拼命砍价，因为同行的竞争，许多订单一开始报价就不可能含有太高的利润，这就意味着售后服务开始缩水，甚至根本没有售后服务。

　　但是问题来了，即使再好的工厂，谁又能保证自己的产品百分之百没有问题？如果一出问题就不管，一有索赔就不问，如何把小客户做成大客户，把大客户做成老客户？这显然是不可能的。

　　所以，对于业务员来说，不仅要专业，要有良好的服务意识，同样要有强烈的危机处理意识。一旦发生问题了，怎么办？一旦需要索赔了，如何处理？这些都应该是一个训练有素的业务员的基本素质。做生意要有预见性，要想象的到可能发生的问题及问题一旦发生以后的应对策略，那样在事情发生的时候，才不至于手忙脚乱、手足无措。

售后服务同样是商务谈判的一种，谈判的原则同样是"双赢"，既要降低自己的损失，还要让对方有赢的感觉。

在完成前面九条的同时做好这最后一条，就如临门一脚，能大大提升客户的"忠诚度"。

本章小结

客户跟踪，往往体现了一个业务人员的综合实力。因为能接触到客户只是第一步，如何真正把生意做起来，如何建立客户忠诚度，这才是最有挑战性的。

本章从细分目标客户入手，要求业务人员量化日常工作，做事果断有效率，对客户一视同仁，把服务做好，体现出个人的专业和素养，并以此来赢得客户的尊重。

第八章

必须注意的"第一次"

外贸出口过程中，很多细节是需要注意的，本书一直穿插各种案例强调细节的重要性。诚然，一个专业的业务高手对细节的把握绝对是非常精到的，能考虑到方方面面，让苛刻的客户也忍不住赞赏，这才是实力。

对于新手或者老手来说，很多东西需要注意，但相信总有一些会不经意地被忽略，或者没有特别注意，或者没有下工夫去研究。这就需要通过交流和交换相互之间的意见来提高自身的业务能力。

我一直都觉得对于新手而言，平台很重要。好的环境、工作氛围和完善的培训制度更强于自身的努力，能让一个员工迅速成长。但对于经验丰富的老业务员而言，大家都很专业，都对同行知根知底，都是该产品的行家，谁能在竞争中获胜，就取决于谁对细节有更好的把握。

所谓"细节制胜"，这不是一句空话。高手和高手决战，大家的进攻和防守能力都是一流的，这个时候并不是比谁的攻击性更强，而是比谁的破绽更少。

我们做外贸，每天都有可能接触新的东西，接触新的客户，做新的事情。这个时候，在初次接触客户的情况下，给对方的第一印象很大程度会影响未来的合作和订单。客户都会有倾向性，甚至会有很大的倾向性。所以，一开始就给对方塑造一个良好的个人和公司形象就变得无比重要！

第八章 必须注意的"第一次"

第一节　第一次写开发邮件

请注意，这个"第一次"指的不是新人第一次写开发信，而是指业务员给一个新客户写的第一封邮件。不管是没有见过的客户，还是通过网络或电话或展会接触过的客户，只要写第一封邮件，都可以归类在这里。

以下几点是需要在邮件中注意和体现的：

一、来源

要告诉客户从哪里得知他的信息以及为什么要联系他。也就是说明自己写这封邮件的原因。

二、简短

邮件必须简洁，内容短小精悍，几句话就点明主题，使对方一眼扫过去就能明白这封邮件在说些什么内容。

三、主题

主题很重要，要尽量避免看上去就像推销信的那种，要多变，要有针对性。

四、抬头

最好署上对方的名字，显得正式和规矩。要避免类似于 Dear Sir/Madam 之类的泛称，否则很容易被对方直接删掉。

五、附件

第一次写邮件最好不要添加附件，就算非加不可，也要控制文件的尺寸，最好在1M以内，对方比较容易收到。我的建议是，第一次给客户写邮件时如果要给报价单，那最好发两封邮件。第一封简单介绍一下产品和价格，然后告诉客户另外会把报价单以一封单独邮件的形式给他参考。然后再发第二封。这样给客户的感觉会比较专业，也会觉得你很细心。

六、签名

邮件的落款，也就是签名，必须详细，要有姓名、公司名、地址、电话、传真、邮箱。我个人建议不要加上聊天工具信息，比如 MSN，QQ、ICQ、SKYPE 之类的，否则会给客户感觉不太专业，会被认为是新手或是小公司。一般正式的商务人士都不会留此类信息，甚至连手机号都不会显示在签名里。因为在客户看来公私分明，私人时间一般不处理公事，手机号在不是特别紧急的情况下是没有必要给供应商的。

邮件的内容、文字、思路都很重要，我们中国人说"字如其人"，如何使对方在看到你的"文字"后立刻就能产生一个好的第一印象非常重要。所以，邮件的行文、用词、段落格式就一定要让对方看着舒服，不要用奇怪的字体，不要用太长的句子或太拗口的单词，最好能做到看上去一目了然、干干净净。

读者可以同时参阅本书第二章，专门学习和研究外贸开发信的写法，避免常犯的一些错误。

第二节　第一次报价

第一次报价无比重要，代表正式对客户进行实质上的接触，而不是泛泛之谈。也许客户的询价只是随便问问价格，但只要进展到这一步，就完全有机会继续下去。

前面第四章提过，报价内容要尽量详细，尽量设身处地地站在客户的角度上思考，提供尽可能多的信息，解决对方的疑问，甚至是让对方除了接受或不接受价格或者继续讨论价格外无问题可问。只要让客户沿着这条路走下去就对了。

但是很多朋友还会问一个问题，那就是第一次报价是写在邮件正文里合适，还是用附件的报价单更合适。这个问题，其实仁者见仁智者见智，要看每个人的兴趣和工作习惯。有些人喜欢把内容写进正文里，看上去一目了然，比较简洁，也可以让偷懒的客户不用费时间去点开附件。有些人喜欢用附件，比如 Excel 格式的，内容可以补充得比较全面，插入图片，感觉会更直观。

这本来就没有孰优孰劣的区分。因为不同的客户会有不同的要求和偏好。有些人喜欢看邮件内容和价格，有些人喜欢看详细的报价单，不一而足。因此，没有一套方案是放之四海而皆准的。

我当初也为此困惑过，写进正文也好，用附件也好，都有可能被一些客户筛选掉。我今天把报价放进正文里，可能客户觉得我这个人懒，信息也给得不全面，印象直接就不好；我明天把报价放在附件里，可能客户觉得这人太麻烦，懒得去点开。

后来，我就常常想该怎样解决这个问题，如何研究出一套适合所有客户的方案，既不会让喜欢看正文的客户反感，也不会让喜欢详细报价单的客户觉得我们太懒散。最终想到的唯一办法就是做两套方案，换言之，则是写两封邮件，一封放在正文里，一封用附件报价单，做一下补充。

下面以案例的形式来说明，以便给大家一些比较直观的印象。

案例1：初次回复询盘

假设某年某月某日，我们收到了一封关于塑料瓶的询价：

Dear sir,

I'm interested in your plastic bottle. Please give me offer.

Mike

凭这样一封简单的询盘，我们首先很难判断客户的购买意向。因为信息太少，甚至无法判断客户想要具体哪款塑料瓶，没有尺寸，没有颜色要求，没有数量，很多人就会想这个价格该怎么报？

其实，可以灵活运用前面提到过的"开发信中级班"，只不过再稍做改动、活学活用就可以了。

我们可以这样回复：

Dear Mike,

Glad to receive your inquiry! We supply plastic bottle for several years.

Enclosed a photo of our best-selling model for your reference, with offer as follows：

Item No.：

Size：

Material:

Weight:

Packaging:

FOB price:

Please contact me if any other interest. We'll give you offer asap as per your request.

Thanks & best regards,

C

*** Co., Ltd.

Add:

Tel:

Fax:

Mail:

这封邮件发出去后,马上发第二封,附上详细报价单,同时再推荐几款其他的产品:

Dear Mike,

Please find our offer sheet in detail for the plastic bottles. Besides that one, we also recommend you some other alternatives.

Regards,

C

*** Co., Ltd.

Add:

Tel:

Fax:

Mail:

然后立刻写第三封，先问问客户对刚才邮件里推荐的几款产品有没有兴趣，然后再顺便提一下，如果对方有其他想法或者设计，我们也很乐意为其报价：

Mike,

It's me again. Do you have interest in our current models? Samples could be sent for evaluation at any time.

By the way, if you have any other good idea, please keep us posted. Thanks.

Best regards,
C

*** Co., Ltd.
Add:
Tel:
Fax:
Mail:

很多时候，如果公司有一定的实力，还可以追加一封邮件，简单介绍一下自己的公司，突出优势，给客户多一点印象，同时能在一定程度上吸引他的注意力：

Hi Mike,

Let me introduce our company in short. Our company has been established since 1988, and specialized in plastic items for more than 20 years.

We mainly supply the goods to US and EU, and are familiar with the quality & testing issue of their market.

We have passed the factory audit from 3rd party. Attached the report with our company presentation file for your reference.

Should you have any questions, please do not hesitate to contact us.

Thanks & best regards,
C

*** Co., Ltd.
Add：
Tel：
Fax：
Mail：

  也可以写第五封、第六封、第七封，每封都有不同的内容和侧重点，用一个"报价群"来回复客户的"询价"，来显示自己的专业以及在这个领域的优势。这样一来，会比较容易吸引客户的眼球。

  每封邮件其实就几句话，内容也不复杂，几秒钟就能看明白，也不会太消磨客户的耐心。当然，也可以把内容集中在一封邮件里，既介绍公司又报价，还顺便附上一些产品图片。可客户收到一封又臭又长的邮件及一大堆附件后有没有兴趣看、有没有兴趣点开，这是一个很大的问题。

  还不如像上面那样分成几步来做更加清楚明了，不会让客户觉得你懒，也不会让客户觉得你过分啰嗦，因为每封邮件都有侧重点。

  我们再换位思考，假设你随随便便在 B2B（Business To Business）上发个询盘就收到这样一系列的回复，你对这个供应商印象会不会很好？

  至少在我看来，答案是肯定的！

第三节　第一次寄样品

  这里的第一次寄样品，指的是给一个新客户第一次寄样。因为客户是新开发的，生意还没做起来，客户对你以及你所在的公司没有太多的了解。这个时候，往往大家都知道，样品的好坏，甚至寄不寄样品就决定了有没有机会合作。

在工作中，也的确碰到过不少供应商一听要样品，第一反应就是：不给！或者是：可以给，但要收费，而且是很高的样品费！又或者直接认为这个客户是骗子。

我不想去评判业务员的思维，我只想说很少会有客户没有确认过样品就愿意花钱甚至花大笔钱去买东西。因此，我们不仅要寄样品，还要把样品做好，同时要注意各种细节。

一、样品是必须寄的

就算想尽一切办法，也要给客户准备样品。一般要样品的同时愿意承担运费的客户，对供应商而言至少有六七成把握了，绝对不能找借口不寄，否则客户同样可以找你的同行，不是吗？如果他先收到别人的样品，觉得不错，就有可能进一步谈下去，甚至会下单，你的机会就被你自己浪费了。即使你的价格更好、质量更好，客户没看到东西，怎么跟你谈？在没有看到实际产品的时候，价格往往是虚的。好比我去买家具，就凭一张图片，对方会说："我的沙发才9 000元，质量超过别家15 000元的。"但是样品呢？抱歉，缺货，没有。这个时候你会付钱买吗？我想都不会，就算再给你几千元优惠，你也不会掏钱包的。

外贸行业里，这种情况同样很普遍，只要能确认样品，价格上没有太大分歧，都是可以通过谈判解决的。所以，不仅要提供样品，而且要快，速度和效率非常重要，要尽一切可能在竞争中抢得先机。

二、寄样品的注意事项

很多时候样品都寄了，为什么不能随样品附一些公司的资料甚至样本呢？还有自己的名片，也要放进去，万一客户什么时候需要找你，一下子没有联系方式，这个时候名片的作用就突显出来了。

寄样品的时候，还需要附上sample tag（样品标签），上面注明你的公司名、联系方式、产品描述、单价、HS编码等信息，供客户看到样品的时候就知道是谁寄的，价格多少，能有一个很直观的印象。可以做成吊卡或者sticker（标贴）的形式，这会让客户觉得你很专业，你们公司也很正规。

三、客户嫌价格贵，但还是要求寄样，怎么办

我的答案是：马上寄！这个问题很明显，客户觉得贵，但是还想看看你的产品，是想看产品究竟怎么样，值不值这个价钱。而且大部分客户都明白一个道理——看过产品后再谈价格，否则谈了也是空谈。客户有这种要求，说明卖方的初次报价已经跟客户的心理价位相对接近，至少差距不会很大。否则客户心理价位1元，你报10元，估计他看都不想看。但如果你报1.3元，那他就有兴趣看看产品了。如果值这个价，他再慢慢砍；如果不值，就delete（取消）。

这个道理很好理解，大家很多时候要多动动脑筋，要发掘邮件背后客户的深层用意和想法，不要被表面的文字所迷惑，轻易地接受或者拒绝。很多客户的邮件字里行间多多少少会透露一些内心想法，要学会分析和判断。虽然分析和判断的不一定准确，但总比不动脑筋好。就像下四国军棋，大家都是暗棋，都不知道其余三方的棋子，但是通过几下接触后，高手就很容易猜出敌人们的司令在哪里、哪个可能是军长、炸弹在哪个位置等。说起来微妙，但很多时候就是会通过一步一步来推算和感觉出来。

四、样品费应不应该收

样品费往往是让很多供应商比较为难的地方，若收费，怕客户跑了；若不收，怕客户拿了样品就消失了。我个人觉得，还是应该根据样品的价值来衡量。生意是相互的，双方都要投入，共同承担风险，这才是经商之道。所以，当样品费低于运费或者与运费大致相当的情况下，可以考虑免收样品费，但要客户承担运费。

如果样品本身价值很高，那就需要跟客户商量酌情收取合理的样品费。请注意，我这里用了"合理"这个词，是希望不要想着在样品费上赚一笔，从而狮子大开口，把一个很好的潜在客户直接吓走或者

气走。

但有两种情况例外，一是老客户，一般情况下只要不是特别贵的样品都应该及时提供，而且尽量免费；二是大买家，因为有太多供应商，有太多选择，往往都比较强势，不仅不付样品费，甚至连运费都不会出，这个时候，就需要供应商自己衡量有没有必要做出投入作为接触大买家的诚意和敲门砖。

事实上，很多客户并不会在乎这一点点样品费用，跟订单比起来真的是九牛一毛。问题就在于他们会觉得手续太麻烦。联系业务员的往往都是一些国外的买手、采购员等，他们也是打工的，也要遵守他们的公司制度。就算公司不在乎这点钱，有这些预算，但问题是这是公款，是生意往来，他们不会自己掏腰包，就需要填相关的申请表格，经主管、领导、财务主管等签字，然后转给自己的助理，让他再交给财务部门，安排付样品费。过几天再催财务部门给银行水单，然后再把水单发给我们的业务员，表示钱已经付了，要求尽快寄样品。大家看，程序多么复杂？如果你要向客户收几十美元的样品费，如果这时其他同行愿意免费给，我相信 buyer 就绝对不会跟你谈下去了，不是他给不起 50 美元，也不是不舍得给、要帮公司省这么点钱，而是他嫌麻烦。

五、寄样品要注意细节

寄样品，尤其是第一次寄样品，一定要小心再小心。寄出之前要仔细确认产品的功能、颜色、重量、尺寸、包装等是不是跟客户的要求完全一致，有没有什么差错。

另外，要考虑到运输的问题，最外面的包装（一般是纸箱）一定要结实，里面要垫好相关抗震的材料（比如气泡袋或泡沫等），要经得起摔箱，要测试过东西不会破损，功能也不会丧失，同时不会影响到美观。曾经就有供应商寄了四个玻璃瓶给我，结果我收到后打开看到的是一堆玻璃碎片！试问我怎么确认和下单？

外箱要尽量保持干净，最好用马克笔注明收件人的姓名和地址、电话，以免因取件员的疏忽把样品送错地方。如果能用 A4 纸打印出来然后贴在箱子上，那就更好了。虽然底单上会显示收件人的详细信息，但还是要尽量双保险。

如果样品有数箱，比如 3 箱，那不仅需要在每个外箱上注明收件人信息，还需要给每个箱子编上序号，如 1-3，2-3，3-3，这样，快递员在收发的时候不容易遗漏，也比较容易查询。

最重要的是，当提供的样品不完全是客户需要的时，就需要特别注明，并尽量提供参照物或者可供比较的样板。举个例子，客户要采购蓝色的塑料瓶，颜色是 Pantone 3125c，可我现成的只有白色的样品，客户也接受白色的，愿意先看看品质，但要求大货的时候按照蓝色来做。这个时候，是不是只寄一个白色瓶子，做好 sample tag（样品标签），注意包装就行了？还不够！因为缺少参照物给客户比较。现成的只有白色没错，但能不能同时提供一小块 Pantone 3125c 的色板方便客户在看样品的时候比较颜色呢？

上面几点都是寄样品的时候需要特别注意的地方，尤其是新客户，大家刚开始接触，如果给客户留下了坏印象或者觉得你们不专业，那前期的开发、谈判、跟进就都会徒劳。

如果客户觉得你不够聪明，或者是推一下才动一下、不动脑筋，他怎么会觉得你很专业，又怎么会考虑把生意交给你们，甚至进行长期合作呢？

第四节　第一次给客户打电话

打电话可以分为两种情况，第一种是给老客户打电话；第二种是给新客户打电话。因为侧重点不同，我们要一分为二来看。

一、第一次给老客户打电话

往往有这样一种情况，就是跟一个客户做了很久，但都是邮件往来，或者公司把一个老客户转到自己这边，由自己开始接手联系。

一旦有特别紧急的事情需要跟客户联系，电话自然免不了。但是打电话之前要注意，并想清楚这个电话是不是很必要！如果不是非常紧急，或者没有什么特别的内容非要在电话里讲，还是可以通过常规的写邮件的方式来处理。

如果答案是肯定的，那就需要先想好跟客户在电话说些什么，内容必须简短，长话短说，不要浪费客户的时间，也不要长篇大论，导致对方没耐心听下去。

既然是老客户，套套近乎自然是要的，语气上虽然需要客气，但没有必要特别恭敬，就当做平时写邮件那样联系就可以。欧美人喜欢就事论事，不喜欢在电话里多谈私事，这点一定要注意，而且不合适的问题要少问，或者特别带有私人色彩的要尽量避免。同时，要学会倾听，了解客户的真实诉求，千万不要对方话还没说完就认为自己已经理解，于是粗暴打断或者插话，这是很不礼貌的。

如果对客户说的不满意，或者有自己的意见，或者是必须打断一下，那最好委婉一点，或者用一些类似于 excuse me 之类的词，让客户感觉你是个 gentleman（绅士），是有礼貌的。你可以不同意他的观点，但你必须是个彬彬有礼且讲道理的人。

还有一点需要补充，就是一旦电话打完后，应该补一封邮件给客户，对电话里所说的、所谈的，甚至是双方达成的某些协议，以邮件的形式发送一遍给客户，不仅显示出自己的专业，也避免了以后相互推诿。这类邮件一般可以这样写：

案例2：电话后的补充邮件

Dear Mike,

As per our discussion on the phone, you confirmed 3 points as follows:
Firstly, you accept our new price, USD33.90/pc.

Secondly, the sampling lead time is 30 days according to your design.

Thirdly, for the new project, please send us the photo with details.

Do you have any other comments?

Thanks & best regards,
C

*** Co., Ltd.
Add：
Tel：
Fax：
Mail：

二、第一次给新客户打电话

新客户就比较复杂了，因为没有合作过，很难琢磨对方的个性和工作习惯，也很难判断对方的语气好不好，英语是不是易懂，会不会一个电话过去对方就很火爆，或者讲一口几乎让人听得崩溃的英文，直接被搞得云里雾里，不知所云。

所以笔者认为，给新客户打电话之前最好先想清楚要说哪些内容，简单地做下笔记，电话打通稍做寒暄后，就可以根据事先列好的大纲一条一条地跟客户确认，然后再补充邮件给双方做备份留底。尤其是英文口语不太好的朋友，就更需要列好大纲，甚至把句型都先写出来，打电话的时候就不至于一紧张就不知道说什么了。

要注意的是，初次致电新客户必须言之有物，要明确打这个电话的目的。不要仅仅为了问一句 Have you received my email? 这会让客户抓狂的。

另外，对于新人而言，电话最好少打，即使口语再棒，也要避免过多的电话沟通。因为人的能力有限，而且我们毕竟不是以英语为母语，电话打得越多，翻船几率就越高，甚至有可能在电话里被客户问倒，那自然有损自己的专业形象。

邮件就不同了，即使有很多问题难以回答，还是可以跟同事商量、向领导请教或者向朋友求助，等客户收到回复，自然是"完美"的答复。电话就很难做到这一点，不仅需要语言能力，还需要业务能力、专业能力、谈判能力以及随机应变的能力。

若电话非打不可，那就记得要做好笔记，还要长话短说！

第五节　第一次接待客户

若开发一段时间后，客户提议要来你们公司，不论是参观也好，buying trip（商务出差）也罢，至少说明前期的开发有成果，出现了很好的机会。

一般来说，客户愿意来公司或者工厂谈的，都是成交可能性极大的客户，可以理解为最优质的那批潜在客户。很多人会问了，那客户来之前需要准备些什么呢？是不是要把公司卫生搞一下，把样品间整理干净，把客户有兴趣的样品准备好，把样本和名片准备好？

我想说，这些都是最基本的，除了这些，还有很多的细节需要注意。

一、行程

要在客户来之前问清楚客户的时间安排，准确来说就是 schedule（行程），然后根据客户定好的时间来做好自己这边的准备工作。如果有其他事情或者其他客户要来，就尽量改期，不要影响客户的行程。

另外，客户那边有几个人会过来，分别叫什么名字，职位头衔是什么，来你们公司前在什么地方，会议结束后又需要去哪里，这些都要事先弄清楚。

二、用车

车要安排好，一般在拿到客户行程安排的时候就要立刻确认是否需要用车，有几个人会一起过来。比如客户回答，"我们有 3 个人，从香港到北京，麻烦你安排一辆车来机场接我们。另外，我们一整天都会在你们公司，结束后麻烦你送我们回Hilton（希尔顿）酒店"。

你大致估算了一下，3个美国人，加上业务员自己，还有司机，总共5个人。美国人即使身材稍微胖一点，一辆别克商务车也可以坐下，于是就准备了这么一辆车。如果你是这样做的，我可以很负责任地说，你实在不专业！

因为有一个很重要的问题没有考虑到，就是行李！你知道客户有多少行李？是否问过客户需不需要先把行李送去酒店还是随车走。如果随车，那这辆别克商务车就显然不够了。这个问题如果事先不问清楚，等接到客户后，几个人在车里挤得要命，行李都是硬塞进去的，客户坐着能舒服吗？

三、用餐

一般来说，对于大多数客户而言，午餐都可以接受fast food（快餐），比如肯德基、麦当劳、必胜客之类的西式快餐，不会有什么问题。但最好先问过客户，有没有什么不吃的，需要安排些什么午餐，中餐还是西餐，这些都要在安排行程的时候就问好，然后提前准备。

如果准备晚餐，相对来说，西方人会比较看重，这个时候就要拿出事先准备好的几个餐厅的介绍，比如图片和主要餐点，拿来供客户筛选，或者推荐某某餐厅，然后大致介绍一下主要的菜式和特色，并请客户点菜。即使客户出于礼貌推让，也要尽量照顾到他们的饮食习惯，不能完全以中国人的思维去衡量。

比如我们可能喜欢吃鱼，但是欧美人一般不怎么会吃鱼，因为有刺，所以他们一般都吃些不怎么带刺的，比如鳕鱼、金枪鱼、三文鱼之类的，甚至直接吃炸鱼柳。

我们可能喜欢吃排骨，有很多种做法，但西方人吃排骨比较少，更喜欢整块的肉，比如牛排、猪排等吃起来方便。

我们可能喜欢正宗川菜，够香够辣，可他们在国外中餐馆常吃的川菜都是经过改良的，一点点辣，但是以酸和甜为主，跟中国本地的完全不一样。

还要注意客户是否有宗教信仰和比较忌讳的食物。有些客户可能不吃猪肉，那么餐桌上如果点猪肉，就不太好，会让他觉得尴尬。

另外，到餐厅的时候，一定要注意给每个客户除了筷子以外再上一副刀叉，除非客户指明不需要。因为不是每个客户都跟我们一样能把筷子用得那么熟练的。

四、饮料

饮料是指客户在公司的时候，不论是参观、谈判、看工厂或是确认样品时给对方准备的喝的东西。是不是纯净水就够了呢？不是。至少要准备4样东西，一是水，二是可乐，三是茶，四是咖啡。

茶不难，可以用袋泡茶，立顿就可以了，红茶、绿茶都有，同时准备好纸杯和热水，方便客户选择。

如果有条件的话，咖啡最好是现磨的，再者就是速溶咖啡。如果公司附近有Starbucks（星巴克），可以直接买上来，就更理想了。

可乐一般需要两种：一种是普通的，一种是低糖的。因为很多客户要减肥或控制体重，不能摄取太多的糖分。比如原味的可口可乐放一些，低糖的健怡和零度可乐也放一些。但是要记得把一部分可乐冰镇，一部分常温，尽可能照顾到每个客户的需求。

水也需要准备两种，一种是有气的，也就是我们俗称的苏打水；另一种是没气的，就是普通的纯净水。如果有条件，最好准备Perrier（巴黎水）和依云，这是大多数客户比较认可也比较喜欢的水。同样记住，水也需要一半冰镇，一半常温。

五、其他细节

除了以上需要注意的四点外，还有很多的细节是需要好好把握的。

比如桌上有没有红色、蓝色、黑色的水笔，以供客户需要的时候使用？

有没有准备好相机并充满电？

有没有准备好空白的A4纸，在客户需要记一些或者写一些东西的时候，可以马上拿来用？

有没有准备好铅笔、橡皮、胶水、回形针、卷尺、订书机等文具？

有没有把打印机准备并连接好，当客户有需要的时候，可以随时打印报价单或其他资料？

有没有把客户有兴趣的产品事先整理并集中起来？

有没有把适合客户市场的产品整理出来给他们参考？

有没有把样本和名片放在桌上，并用双手给每个客户递过名片？

有没有在桌上放一些诸如品客薯片、M&M巧克力豆之类的小零食，让客户谈判后或者稍作休息的时候能够用一点？

……

如果以上的这些问题都考虑到，甚至做得更好更细致，那恭喜你，你真的是一个非常仔细的人，是天生的销售高手、谈判高手。尤其是新客户，刚接触的时候就能受到这么细致和体贴的服务，他多少会觉得温暖的。

而我们做销售的第一个目的就是接近客户。只有接近客户，才有可能让客户觉得你不错。只有客户对你有好印象，才有可能把生意做起来。本来就是一环套一环，任何一个环节出问题，都有可能影响彼此的合作。

业务开发本身就不容易，所以更要注意细节、好好维护，只有这样才能把生意越做越好，使客户越来越多。

本章小结

本章主要分析了外贸工作中的各种细节，强调了"第一次"的重要性，包括第一次写邮件、第一次报价、第一次寄样品、第一次打电话和第一次接待客户。这五个方面很多时候是层层递进的，一环扣一环，只有把每个环节做到尽善尽美，才能让客户完全赞赏你的专业和能力。

还是那句话，细节决定一切。

第九章
深谙行业生存法则

第一节　知己知彼，百战不殆

知己知彼，百战不殆。

这句话出自《孙子·谋攻》，全文是：

> 知己知彼，百战不殆；不知彼而知己，一胜一负；不知彼，不知己，每战必殆。

意思是说，既了解敌人，又了解自己，百战都不会有危险；不了解敌人而只了解自己，胜败的可能性各半；既不了解敌人，又不了解自己，那每战都有危险。

但如何在商场上付诸实施，其实没有想象的那么容易。虽然现在做生意越来越透明化，网络给信息交流带来成倍增长的通道，但信息依然是不对称的。所以，对于谈判的双方，尽可能多地知道对方的信息，才有机会在谈判中掌握主动权。比如投标，大家针对同一个方案竞争，你当然可以计算出自己的成本。那别人的成本呢？也许你也能大致算出来。但别人的报价会是多少呢？这就很难说了，要根据别人公司的规模、现金流的情况，甚至老板的脾气以及对这个项目的目的性来作出推断。当然，内幕消息就另当别论了。

在外贸行业中，这个"知彼"其实困难重重。你没法了解客户的询价会同时发给多少供应商，没法了解同行会维持多少的利润率，更没法了解会不会有人故意报个赔本的超低价，不是为了接单，而是为了把水搅浑。你甚至没法了解客户的订单意愿有多大，是真实的询盘还是仅仅为了套取价格的虚盘。

这个"彼"，不只是你的竞争对手、你的同行，同样也包括客户。如果来询价的是你的老客户，他这次的预期订单有多少，是否可信？客户对中国市场和你的同行有多了解？他是进口商还是零售商？客户对你

第九章　深谙行业生存法则

的依赖性有多大？客户在同一款产品上有没有下单给别的供应商？客户的市场对这款产品的反应如何？下单给你的人是什么title（职务），他是否有直接下单的权力？如果涨价，客户接受的期望值在哪里？

那我们举例做如下假设：

今天我收到一个询盘，美国客户询价，100 000pcs的厨房水龙头，要我维持原价，USD7.55/pc。

我大致分析了一下，国内同行中拥有同样模具的工厂目前就我一家，别人只有类似的，所以同质性首先可以避免。其次我了解我们的价格大致在同行中属于中下，目标客户是国外的超市和普通消费者。这个客户已经合作了两年多，大约每个季度翻一次订单，还算稳定，应该是实盘，数量也和以往差不多，比较可信。客户从来没有来过中国，我去年去美国和他见过一面，根据经验，他对中国市场和同行并不了解。另外，这款产品当时开发的时候是我们采用客户的设计单独开的模具，大家各share（承担）一半的费用，客户对我们有一定的依赖性。根据这两年来稳定的订单感觉这款水龙头在美国销量还不错。另外，这个main contact（主要接洽人）是他们的head of buying（采购主管），完全有能力做主。这次因为客户多加了一道工艺，大约涨3%应该没问题，当然谈判肯定是以5%~7%为基点来谈。

最后得出结论，我有90%以上的把握能接下这个订单！

以上这些问题你能回答多少？如果你知道大部分，那至少说明在"知彼"这块上你已经做得很不错了，成功在向你招手。

但做生意不只是了解别人就够了，还需要了解自己！很多时候，往往"知己"比"知彼"更难。有句话怎么说来着，你的对手往往比你更了解你自己。因为你是别人的竞争对手，给他们的订单带来了威胁，所以对方才会尽一切可能来分析你，掌握尽可能多的关于你的情报，甚至考虑从你手下挖角，以此来得到更多信息。

那如何更好地了解自己呢？我相信如果有人问："你们公司有什么优势？"大多数员工都会知道，因为老板会经常挂在嘴边，员工们也会在日常工作中体会到很多公司的长处。比如我们公司的老板很有经验，在这个行业里做了20年；我们有自己的工厂，交期比较容易控制；我们一直出口德国，对欧盟市场很有经验；我们公司的中层都是从赫赫有名的外企挖过来的，现在的团队管理相当成熟，每个部门都运作稳定；我们每年的销售额至少有20%的增长；我们正努力开发中东市场，刚成功签下沙特大客户的促销大单……诸如此类，肯定能列举出很多条，只要你肯动脑筋想的话。

那我接着问"你们公司最大的缺点是什么？有哪些弱点"？我相信很多员工恐怕要搜索枯肠才能回答出几个，而且未必是最核心的问题所在。为什么？因为不够了解自己。往往最难看到自己缺点的就是本人，而"知己"要了解的同样不只是你本人，也包括你所在的公司。

因此，我的建议是——从失败中找原因，学习经验。当你某些项目谈得很深入，最终却没有拿下来时，原因是什么？当你价格比同行低的时候，客户却依然没有把订单给你，原因是什么？当你的产品质量销量价格都 ok 的情况下，客户居然没有翻单给你，原因又是什么？

要从一次次的失败中寻找问题，找自己的问题，也找公司的问题，然后发挥长处，弥补短板，这样才能从中学到宝贵的经验，不断成长。

第九章 深谙行业生存法则

第二节　如何弥补短板

相信外贸朋友都听过短板理论：一个木桶的最大容积不是由最长的那块板决定的，而是由最短的那块板决定的。

那是不是我们要努力去把最短的那块板加高呢？如果你这样想，那就错了，陷入了思维的死角。我举个例子就很好理解了。

假设你是一个贸易公司，出口马克杯，今天一个加拿大客户问你12oz 马克杯的价格，你报 2 美元，客户给你 1.8 美元的目标价，一分都不会加，否则就直接跳过你，下单给工厂。而你询了很多家工厂后，发现你拿到的最低价就是1.8美元，怎么都没法再压了，你不可能给客户白忙活，因为至少要维持公司运营和正常的利润，那这单就没法接下。在这里，价格就是你的"短板"！那怎么办？去弥补短板？恐怕就得自己开个工厂，把工厂的那部分利润自己赚回来。

这显然不是一个好主意，会牵扯到方方面面的问题，摊子会铺得太大，甚至费时费力费钱还未必能把成本打下来。很少有管理者会这样去做的。那问题来了，很多短板是自身条件限制的，很难去改变，如果坚持固有思维，非要强行弥补短板，拿自己的弱点去跟别人的优点竞争，这就不是智者所为。如果你身高一米七五，你喜欢一个女孩子，但这女孩子的择偶条件是身高一米七八，难道你为了追她去把自己强行拔高到一米七八？肯定不会。你绝对会开动脑筋，在其他地方发掘优点去打动她，不是吗？

那怎样改变这种现状呢？请注意，我上面用了"强行"两个字，只是为了表示直来直往的方式不是弥补短板的最好方式，最好的方式在于通过其他途径达到同样的目的。条条大路通罗马，换一条路，也是有可能殊途同归的。

做生意就是这个样子，大公司有大公司的优势，小公司有小公司的特色，甚至不同的业务员都有不同的长处，尽量发挥长处，绕开短处，或者用别的方法巧妙规避这些短处，是不是更好呢？

再回到刚才的例子，12oz马克杯，1.8美元的价格你做不下来，那能不能绕过这个问题，迂回作战来达到最终结果呢？你先想清楚自己的目的是为了拿下订单，而不是为了接受这个价格。既然如此，那就有很多机会和很多其他方式可以用。可能有人会说，客户可能会咬死价格，价格做不下，其他什么都免谈。但是不试过又怎么知道呢？你知道客户是中间商还是终端客户？杯子的最终零售价打算控制在多少？这个项目是促销还是常规订单，或是季节性订单？只有谈了以后才知道。

OK，我没法接受这个目标价，但我可以发掘出其他优势来弥补价格的短板。比如我们公司的产品品质相当高，一直以来都有出口加拿大市场的经验；比如我们一直给美国的Starbucks（星巴克）供货（增强他对你们公司的信心）；再比如我们的设计团队非常专业，有独特的设计，非常精美，适合北美市场；又比如我们专门有一款10oz的杯子，款式独特，而且非常适合对方的市场，附上图片和报价单供对方参考，等等。只要动脑筋，办法总是有的，不要拘泥于某一点上一成不变去思考问题，要懂得变通，懂得给出你的suggestion（建议）以及给客户量身定做的program（方案）。即使客户最终没有下单给你，也要给他留下对你和你们公司的深刻印象，这样以后类似的项目他都会想到找你谈谈，那目的也就达到了。毕竟，生意是长长久久的，不要着眼于眼前，要把眼光放长放远，机会其实无处不在。

开胃菜上完，就来正餐吧。还是刚才那个马克杯例子，我试写几封回复的邮件，供大家参考。

方案1：

Hi Eric,

Thanks for your reply! I'm afraid we cannot accept your target price on 12oz mug.

But we have another good 10oz model meets this price, which is also good-selling in Canada. Attached the offer sheet with pictures for your reference. Samples can be sent asap for evaluation.

Thanks,
C

方案2：

Dear Eric,

Actually, the pricing from fty is better than us. But our advantage is own designing and the understanding of North America market.

Attached the pictures for your reference. All of them are our current models developing for our customers in Canada and US.

If any interest, we'll send you the quotes asap.

Best regards,
C

方案3：

Dear Eric,

Sorry, we cannot cover your pricing target range. Here are our suggestions below：

1) Our Model A is similar as your sourcing item, but the price could meet your target, USD1.8/pc. Please check the picture in attachment.

2) The exact model as yours, our best offer is USD2.05/pc. Enclosed the quote sheet for your review.

3) Also enclosed some our new developed items for your reference. All of them are suitable for your local market.

Samples could be sent on request. The lead-time for decent order is JUST 20 DAYS!

Thanks & best regards,
C

　　三封邮件的侧重点其实各有不同，很难说孰优孰劣，每个人都有自己的看法和工作习惯，相信读者朋友们会有第四、第五、第 n 种方案。但是有一点，就是要尽量发挥长处，弥补短板，把优势尽可能地发挥出来，然后让客户觉得你们的弱势其实并不重要，也是可以接受的，这样你就成功了！

虽然在一定程度上这有点偷换概念的嫌疑，但是谈判本身就是人与人之间的接触，只要有人的地方，就免不了会受到主观思维的影响，不是吗？不要怕做不到，就怕客户不跟你谈。只要肯谈，双方一个一个回合接触下去，就一切皆有可能。

Michael Dell（迈克尔·戴尔）当年创立戴尔公司的时候，就曾让自己的员工们挖空心思去想哪些是他们做得到而 IBM 做不到或者暂时没有做的，然后把想出来的好点子汇总起来，付诸实施。结果，戴尔公司连续多年被《福布斯》杂志评为世界 500 强中成长最快的公司。

当年戴尔先生一穷二白的时候，都能从不可能中寻找可能性，找行业巨人的短板，发挥自己的长处和优势，让戴尔公司短短几年就迅速发展跻身世界 500 强，为什么我们就不能学习他呢？

所以，不要抱怨公司平台不好，不要抱怨领导不培养自己，不要抱怨产品的价格不好，竞争不过别人，这些都不重要，关键在于你是不是一直在思考，一直在动脑筋，一直在发掘自身的优势，一直在注意对手的缺点。这才是需要不断进步的。

第九章　深谙行业生存法则

第三节　外贸行业里的"进化论"与"格雷欣法则"

在当前的外贸大环境下，出口行业并不好做，不仅面临原材料成本和劳动力成本的上涨、同行的竞争挤压、金融危机造成的国外消费市场萎缩，还要面对并不稳定的汇率风险。内因和外因综合起来，对我国的外向型企业而言更是雪上加霜，从而容易冲击到整个实体经济，变成真正的经济危机。

一旦危机来了，整个的出口行业就不可避免地面临洗牌。不是我们做得不够好，而是大环境的变化，整个供求关系失衡，导致采购量锐减。

而这本身就像多米诺骨牌一样，推倒一张就会引起一系列的连锁反应。现在已经不是简单的商品经济，而是产业链时代，每个大客户都要和货代、贸易商、工厂打交道，而货代要和船公司打交道，贸易商要和自己的供货工厂打交道，工厂要和自己的下游工厂和外协厂打交道。一旦其间某一个环节出了问题，就意味着整个产业链条出了问题，自然也就很容易引起一连串的问题。

一般的情况是，国外的库存量在某一个时间段突然增加，然后经过一系列导火索使一两家大公司甚至是行业巨头倒闭，或者是遇到严重的财务危机，这是第一张骨牌（危机开始显现了）；老板们和高管们慌了，开始收紧银根，不敢乱投资，也不敢乱买东西，同时开始向银行借钱，开始考虑裁员，这是第二张骨牌（这个时候企业的现金流减少，买手的采购会变得更加谨慎）；接下来就是问题的重点，企业开始不给员工加薪甚至降薪，能取消的福利取消，能裁员的就裁掉，这是第三张骨牌（员工开始产生恐慌情绪，丢了工作的不敢乱消费，没丢工作的生怕下一个被扫地出门的就是自己，因此也开始节俭消费，能不花钱的地方尽量不花钱）；再接下来，银行发现这些公司的财务状况不怎么好，放贷的时候就开始谨慎了，很多贷款就不会放下去，这是第四张骨牌（企业的外援减少了）；消费者会加剧对未来的悲观情绪，开始减少消费，少逛街，少刷信用卡，开始存钱，整个消费市场开始萎缩，这是第五张骨牌（消费减少，进一步推高了企业的库存）；然后就是企业减少采购量，中间商的日子变得难过，贸易商的日子也难过，生产商的日子同样难过，还有货代，还有船公司……这就是第六、第七、第八、第九、第十张骨牌，这些完全就是因为第一张骨牌被推倒而产生的连锁反应。

所以，尤其在国际市场不稳定的情况下，危机对我们国内的出口商来说，是个极大的考验。如果撑过去了，那很好，可能借着危机壮大，在行业内重新洗牌；如果撑不过去，那很遗憾，只能面临出局的命运。这本身就是很残酷的，没有别的办法。

那有人要问了，既然经济危机来了，客户少了，订单少了，那我们怎么生存？企业要活下去，工人要有订单开工，员工要靠订单养家糊口，老板要靠订单赚钱，这订单从何处来？

我想说的是，机会其实无处不在。经济危机带来的冲击是无法避免的，这是外因，但我们还是可以从内因上下工夫，去争取那些剩余的机会。少是少了很多，但并不代表没有。

在这里，我要指出两个观点，是外贸朋友们经常会碰到的，一个是"优胜劣汰"，也就是达尔文（Darwin）"适者生存，不适者被淘汰"的进化论观点；另一个是经济学里的格雷欣法则（Gresham's Law），即"劣币驱逐良币"。

第一个观点很好理解，对于供应商来说，必然会面临同行之间的竞争，而当前又是买方市场，这就意味着必须提供更高品质的产品、更出色的包装设计、更快速的交货期、更完善的售后服务、更畅通的物流体系等。

可以说，对于供应商的要求是越来越高，甚至可以说是越来越苛刻，这是没有办法的。客户都希望买到物美价廉的东西，价格上会一压再压，货比三家甚至三十家来寻求更低的价格。商人逐利，这是天性使然。假设你的一把椅子卖20美元，另一家供应商做出一模一样的东西，只要14美元，整整低了30%，客户还会从你这里买吗？在掌握充分信息的情况下，坦白说，可能性不大。

如果是你的老客户，也许会跟你讨论这个问题，看看价格差距的原因在哪里，为什么别人的比你的便宜，是原材料问题、工艺问题，还是对方的管理更好，能节约成本，抑或人力成本更低。但如果是新客户呢？或许直接就对你产生了坏印象，感觉你不老实，询一次价以后直接消失，跟别人深谈去了，你到何处去申冤？

成功的人往往是随着时代变化而变化的，不断根据具体的大环境来改变自己和未来的发展策略，这样才能不断前进。墨守成规到最后，或许只能被这个世界所淘汰。特别对于一个业务主管来说，即使你再聪明、再能干、再有能力，也应该多听听下属的不同意见。不要因为他们年轻或者没有经验而觉得自己肯定是对的，要别人按照自己的想法来做。如果这样想，那问题就大了，短时间可能不怎么样，时间长了，一个小小的漏洞都有可能是致命的。

第九章　深谙行业生存法则

当然，这本书的读者以刚出校门的大学生或者是刚踏入外贸行业的新人为主，上面这段话可能暂时不适合大家，但相信不久的将来，你们会有属于自己的一片天空。若干年后引领整个行业的必然是现在的年轻人！

言归正传，再说第二个观点——"劣币驱逐良币"。这个稍微有点深奥，需要慢慢去理解，先来说一个小故事。

我的一个朋友是南方一家工厂的老板，做塑料餐盒的出口。有一天打电话给我，说准备关闭工厂，没有办法生存下去了。我很惊讶，长聊之后才明白，原来国际市场上塑料制品的价格拼得很凶，而他一直对产品的品质严格要求，不偷料，不掺假，实打实地做生意，结果就是新客户很难接下来，老客户也不断流失。

因为塑料盒子的构成非常简单，没有特殊工艺，无非是开模、注塑、组装，产品的价格和原材料息息相关。这种成本导向的产品要在价格上拥有优势，其实很困难。原材料的采购价大家都很接近，市场也透明，在同等起跑线上想要胜出，很多企业就会动歪脑筋——在产品里掺入回料，也就是我们常说的 recycled material。但这不会告诉客户，报价的时候自然都写全新料、环保料等，先把订单抢下来，然后再适当地添加回料，把量控制在检测标准以内，正好通过第三方机构的测试，就大功告成了。

于是就发展成你加回料降低成本，那我也加；你加一级回料，那我加更便宜的二级回料，只求能通过测试，不问良心上过不过得去，把诚信都扔到一边。僧多粥少的时候，大家靠拼价格来抢订单。这样下去会有什么后果？加得最多的那位仁兄没抢下订单，因为测试过不了，客户知道他掺假。但是因为他报的超低价直接搅乱了市场，结果第二个加不少回料，但正好通过测试的兄弟就拿下订单了，因为价格虽然略高于被抓现行的那位，但至少通过测试，成功赢得订单。但是那些全部使用新料的诚实的商人呢？恐怕就失去了大部分客户，只有不断被削弱，甚至黯然退出这个行业。

这就是劣币驱逐良币！

在这里特别举出格雷欣法则，是想告诫大家，特别是刚进入这个行业的新人们，信誉比什么都重要，是比黄金都宝贵的东西。做生意有很多种方式，可以用点技巧，可以耍点小聪明，但绝不能在原则问题上让步，更不能通过欺诈的手段来获取利益，欺压同行。要避免被劣币驱逐，同样有很多办法，比如改变市场策略、做差异化营销、定制自有品牌、捆绑销售等，都能避免把杀价格当成唯一的手段。看看德国人，他们出口东西是把价格杀到最低吗？显然不是。韩国人呢？Lock & Lock 是他们的牌子，也不见得比中国的塑料制品便宜，为什么销量那么好？

所以，我一直强调诚信，强调信誉，因为这些东西是用钱买不来的，要长久的积累才可以。若是大家都变得不讲良心，唯利是图，那么可以想见，在不久的将来我们必然会自吞苦果。就像当年的三聚氰胺，使大家对整个中国乳业的信心顷刻间崩塌。

不断改变和提高自己，坚持诚信的原则，这是做生意成功的不二法则。外贸行业同样适用！

第四节　里昂惕夫悖论、供求悖论与产业链条

自从有了商业文明，就有了贸易。但如今已是 21 世纪，时代的变化使得贸易行为变得日趋复杂，中间牵涉的环节越来越多，分工越来越精细。即使是一个国家，也已经不能简单通过海关的进出口数据来分析国内的贸易情况了。

在一个国家当年的出口额里，不仅包含本国企业出口的产品和服务，也包含外资企业和跨国企业在国际分工中涉入的部分，还包含各种贸易壁垒、跨国投资、技术转让及转口贸易等，不一而足。

因此，我们的观念、想法和行为也必须与时俱进，过去的一些理论和现象已经不适用于现代社会了。贸易问题已经不能简单通过供求关系和要素禀赋来分析，不同的环节构成了产业链条的各个部分，而

我们出口企业在国际分工中占据的产业链位置，则最终决定了利润及定价权。

本节将简要分析古典国际贸易理论和西方经济学观点，从而对当前的贸易形势和贸易环境作出阐释并提出看法和意见，以供有兴趣及学有余力的朋友们参考斧正。

一、要素禀赋理论和里昂惕夫悖论

学过国际贸易的朋友们应该了解，在古典国际贸易理论里，有一个很重要的"要素禀赋理论（Factor Endowment Theory）"，简单来说指现实生产中需要投入多种生产要素（如劳动力、原材料等），在各国生产同一产品技术水平相同的情况下，两国生产同一产品的价格差别来自产品的成本差别，这成本差别来自生产过程中所使用的生产要素的价格差别，而生产要素的价格差别则决定于该国生产要素的相对丰裕程度。

这个很拗口。其实举一个简单的例子，就很容易解释明白。

 案例1：衬衫的成本

假设有两个国家的两家工厂同时生产和出口一款男式衬衫，一个国家是C，一个国家是V。

现在C国的人工成本相对较低，一个熟练的工人每月需要300美元，另外C国本身产棉花，价格低于国际市场价格。衬衫的纽扣等配件，C国也有别的工厂生产，纽扣的原材料从K国采购。

而V国的人工成本和C国差不多，但V国不产棉花，需要从C国进口，价格跟国际市场价格持平。衬衫的纽扣等配件，V国还要从C国采购。

现在很明显了，根据要素禀赋理论，C国的生产要素比V国丰裕，因为C国产棉花，自己生产纽扣，劳动力上就更丰裕，所以C国工厂的生产成本要低于V国工厂，C国工厂生产的这款男式衬衫会比V国工厂的同一款产品便宜。

如果衍生开来，就可以得出如下结论：C国在男式衬衫这个领域比

V国更有优势。这与西方经济学的"比较优势"得出的结论是一致的。

但事实是不是真的就这么简单呢？是否分析各种要素的差别，作出数据分析，就能够得出最终结论？

其实未必，现实中就复杂得多了。1953年，就有美国经济学家里昂惕夫根据美国1947—1951年进出口行业的数据进行分析，重新验证了"要素禀赋理论"，结论居然截然相反！他的发现被学界称为"里昂惕夫悖论（The Leontief Paradox）"。

根据常规的思维和分析，一般认为，美国是资本相对丰富、劳动力相对稀缺的国家，理所当然应出口资本密集型商品，进口劳动密集型商品。可里昂惕夫经过计算后得出的结论恰恰相反，美国在出口劳动密集型产品而进口资本密集型产品！

这一实证说明什么问题？说明要素禀赋理论本身是有缺陷的，几个假设和前提并不完善，同时也说明时代的发展使得很多理论与现实相背离，不能简单通过"要素禀赋"或"比较优势"来分析。

所以说，当前的贸易环境极其复杂，可能中国的不锈钢产品成本远低于欧美国家的供应商，但是未必能在全球市场占据很大份额，况且市场份额的大小也不代表利润的大小。

那产品的价格由什么因素来决定？利润如何增加？这就需要引入附加值这个概念。

二、附加值与供求悖论

在前面第五章里，我曾专门把"附加值"引入到价格谈判及整个谈判过程中。

价格 = 成本 + 利润 + 附加值

这个"附加值"其实比成本重要，也比利润重要，只要你的附加值够高，完全可以带来超过普通利润的额外利润。额外利润还可以理解为"隐形的利润"，也就是当你和同行都供应同样的产品的时候，除去公司需要的正常利润，谁的附加值更高，谁更能够赢得消费者或客户的认可，谁就能够获取更高的利润。那除去正常的利润外，剩余的那部分利润就相对"隐形"了。

所以，表面的利润并不是真正利润所在，厉害的公司能通过附加值赚取几倍甚至几十倍的利润。可以说，决定价格的最重要的因素就是附加值，由此决定了产品的定价权。

到了如今这个时代，传统的供求关系理论已经不能解释价格问题了。"供大于求价格跌，供小于求价格涨"的习惯性思维已经出现松动，甚至开始变化。我们可以在现实生活中很明显地发现问题，比如全球奢侈品供应明显大于需求，货源相当充足，但价格为什么一直涨呢？美国公司在中国大量采购服装，订单巨大，消费潜力惊人，可为什么中国供应商的利润却在逐年下降？前一段时间国际原油价格大涨，但供求却依然稳定，并没有变化，石油输出国组织欧佩克也没有减产，这又是为什么？国内私家车的拥有量逐年飞速上升，可以说需求量一直在增加，可是车的价格却一直往下走，这怎么解释？

以上的问题都说明了一点：供求已经不能完全解释目前的所有经济现象。可以说，"供求定律"已经出现问题，很多时候会与理论相悖离，而价格除了供求外，还会受到信心、定价权、主观思想、购买欲望、实际生活体验等的影响，而这些，又正好和产品的价格息息相关，都可以包含在附加值里。

三、"软三元"与产业链条

对目前国内的出口企业来说，基本上附加值都极其低下，甚至没有附加值，都在价格和市场竞争中生存，只维持着那么一点点可怜的利润。

近年来原材料价格上涨，人工成本上升，企业各种开支和运营成本都在往上走，可是产品价格呢？想涨上一点点，都比较难，几乎是不可能的事情。这是由我们自身的定位决定的。因为我们的附加值太低，因为我们的价值仅限于生产环节，因为我们没有其他诸如设计、研发、物流、品牌等哪怕一丁点能产生利润的东西。所以很遗憾，我们处于产业链的最底端，没有定价权，价格不是由我们决定的，只能在由市场计算出成本的基础上获取那么一丁点可怜的加工费，仅此而已。

往往我们一报价，客户就说贵，然后多番比较，轮番杀价，到最后就算拿下订单，利润也是一降再降了。

事实上，这就是大部分中国出口企业的现状，仅限于"硬一元"的环节，而没有在"软三元"上动脑筋，就造成了目前很可悲的现状。全世界消费着中国的低价产品，进口商赚钱，经销商赚钱，消费者省钱，只有中国出口商赚不到什么钱，甚至还可能亏损。

这是一个很形象的比喻，一件产品在美国的零售价如果是4美元，其中成本一般只占1美元而已，另外3美元才是真正产生价值的部分，包括产品设计、原料采购、物流运输、订单处理、物流管理、批发零售。因为成本是死的，管理得再好，这1美元里面可以下降的空间也实在太小。可剩下的能产生大量利润的3美元就不同了，占了零售价格的75%，里面的弹性非常大。

郎咸平先生就曾据此而提出著名的"6+1"产业链理论，认为如今的外贸早已不是当初的简单模式，而是进入到一个全新的产业链时代。中国企业真正的问题就在于只负责产业链底端的制造环节，就是"1"，而能创造90%利润的"6"根本不在我们的掌握之中。他认为，中国不是制造业大国，真正的制造业大国是美国。中国越制造，美国越富裕。

以芭比娃娃为例，我们出口的价格只有差不多1美元，但是美国沃尔玛的零售价是10美元。这个产业链里，我们只创造1美元的价值，可能利润只有可怜的3~5美分，仅此而已。但美国人通过"6"这个大物流环节，成功获得了9美元的价值，而所有的污染、剥削、破坏环境、浪费等恶名却要中国企业来承担。我们生产1万美元，就自动给美国人创造了9万美元的价值。我们生产100万美元，他们就获得900万美元的价值。我们出口越多、生产越多，美国人就越富裕。

再看富士康，国内最大的电子行业代工厂，可是利润呢？只有在微薄的几个点上挣扎。它要控制管理、压缩成本，外界就说它是"血汗工厂"，难道这是它愿意的么？难道工厂不愿意给工人更多的薪水、更多的福利保障？不是。真正的原因还是自身处于产业链的尴尬地位，定价权由别人掌握着，要生存下去，就只能接受客户要求的低价。那个幕后

第九章 深谙行业生存法则

黑手，正是"苹果公司"以及其他那些欧美大企业。

所以，在未来的竞争中，要真正走出去，就要把"中国制造"向"中国智造"和"中国创造"转型，就不得不在"软三元"上下工夫，在大物流环节中占有一席之地，才是同行们所要努力的目标。

许多企业其实已经注意到这一点，并试着去改变目前的现状。比如香港地区的利丰——供应链管理的翘楚，就通过高效的管理与整合，优化了产业链条的多个环节，在资源上达到最优配置，并以此来产生利润，而不局限于生产环节。这也是我们内地企业需要学习的地方。

四、未来的外贸发展

未来的外贸行业，必然是产业链条与产业链条之间的竞争，而不是一家企业或者几家企业能够独霸局面的时代。比如 A 公司生产服装，B 公司也生产服装，那两者都得依靠自身的实力、资源，还有物流体系、下游供应商的配合和支持、原材料的采购、包装设计能力等，以此在全球市场上竞争。

"单兵作战"的时代已经过去，接下来的将是全球性的"军团"与"军团"之间的战争，谁能取胜，不仅取决于"军团"本身的战斗力和各项指标，还要看背后的支持是否强大，有没有类似"参谋长联席会议"这样的智囊团在背后做有力的推动。

所以，团队合作也被延伸扩大化，不局限于公司内部的团队合作和跨部门间的配合，而是同一条产业链上，公司和公司之间、不同团队之间的磨合，组成大团队，来应对别的大团队的竞争和挑战。

竞争是残酷的，机遇虽然存在，但终究需要人来把握。但可以想见的是，谁能掌握更多附加值，谁就能在大物流环节中占据优势。谁能高效整合产业链，谁就能在竞争中脱颖而出。

若是两者兼备，那不用说，机遇自在你手中。

第五节　如何在危机中生存并壮大

写到这里，其实觉得下笔已经有些沉重。因为现实不容乐观，因为有太多的不如意，因为我们许多的企业实际上都非常脆弱。一次金融危机，就可以倒下一大片，一次汇率波动，又会继续有一批阵亡。

不仅是资金链的问题，还有本身产业模式的问题，大家的日子都很艰难，一点点的风吹草动，都有可能引起一场狂风暴雨。

中国经济发展依赖于外贸行业，本身就是有问题的，说明经济结构不科学。而外贸行业又严重依赖出口，这样一来，内需不足的情况下就需要全球来消化中国企业的过剩产能，在当前买方市场的大前提下，议价空间和谈判优势就进一步被削弱。

所以，不论是工厂也好，贸易公司也罢，曾经的高利润时代已经一去不复返了，即使偶尔有几个订单利润不错，时间长了，自然还会逐步缩水。不是客户一轮一轮砍价，就是各种成本上涨的情况下销售价无法上涨，利润无形中就不断降低。

既然大环境如此，我们的外贸同行们要怎样生存并壮大呢？

这是个很大的话题，本节只是试着以我个人的眼光和视角来简要回答这个问题，仅供参考，不具备任何指导意义。

在我看来，要生存并壮大，需要有独特的优势，也就是核心竞争力。附加值可以是核心竞争力，低廉的成本同样是竞争力，良好的服务、训练有素的团队，也是优势所在。

可以说，只要能作出差异化，能体现自己公司的优势，就能在未来的竞争中占据优势。当过多的人涌入某一个行业，就难免会进行一轮洗牌，然后优胜劣汰，这也是难免的。对于出口型外贸行业而言，要求也会越来越高。虽然这个行业的准入门槛在下降，但是竞争会逼迫大家去努力做好，能最后活下来的，都有自己的优势所在。

第九章　深谙行业生存法则

那产业升级有没有必要呢？我觉得，有必要，但不是非常必要。当务之急是提高管理、增强服务意识、培养外贸从业人员的专业性，这些比空泛的产业升级更重要。可能很多人会认为，公司的利润不好，是产业的关系，简单来说是产品的关系。别人做芯片的，算是高新技术产业，利润很可观。自己做服装，算是劳动密集型产业，技术含量不高，利润就很低。这样想就错了！

芯片行业目前利润还不错，那是因为这个领域的竞争对手暂时还不够多，换句话说，就是竞争不充分。在这个前提下，比劳动密集型产业多一点利润是很正常的。但若是我们的出口企业都开始把资金往芯片行业里一窝蜂地钻，竞争多了，产能严重过剩，又没有核心技术和专利等前提下，芯片会和纺织行业一样，价格必然不断下跌，一直降到白菜价为止。

所以，真正的问题不在于产业升级，而是服务升级，做到专业化，作出差异化，让客户觉得你是行家，你了解国外市场。同时把服务和售后服务跟上去，提高效率，慢慢打造自己的优势和竞争力。

至于从业于外贸第一线的业务人员，我的建议是——提高自己，不断提升个人能力，与团队之间做良好的配合。一个出色的业务员要想在竞争中脱颖而出，至少具备以下几个特质：

第一，做事仔细，事无遗漏，能把问题考虑得很周到。

第二，效率高，能在第一时间交出完美的回复和建议，不会让客户不耐烦甚至无休止地等下去，等到没有下文为止。

第三，有充分的耐心。比如一个客户一年内断断续续向你询了50款产品，但每款报过去都是没消息。等他向你询第51款的时候，你还能像以往那样，第一时间做好准确的报价单并给出专业的回复。

第四，有诚信，不轻易许诺，但说过的话就要做到，要让客户觉得你是个说一不二的人。

第五，肯担当，出了问题能勇于承担责任，不会推脱，不会逃避。

第六，有责任心，时刻把客户放在心里，有问题会第一时间跟对方商量，有好的建议也会及时跟客户沟通，出了问题也会尽快跟客户交换意见，商量对策。

第七，缺少功利心。这点很重要，如果一个人功利心太重，太看重订单是否能拿到，或者这个订单能赚多少钱，那么给客户的印象未必会好，对方接触这样的业务员往往会觉得你太 aggressive（富有侵略性），会本能地武装自己，这样在业务开展中并不是一个好现象，不容易拉近双方的距离。

只有第一线的业务员够专业，给客户留下非常好的印象，他才会对这个公司印象不错，从而把谈判进行下去，把生意开展下去。生存是第一要务，稳定了以后就要求变、求发展，故步自封是不行的，你在原地打转，别人就会很快超过你。

外贸行业即使不是逆水行舟，至少也是爬山般的感觉。越往高处走，路就越艰难，甚至没有路。因为没有人能告诉你，接下去该怎么走，往哪里走，一切都要靠自己去摸索，去开辟一条新的道路出来。

本章小结

本章是全书的总结，在以上八章的基础上简要分析了当前的外贸形势，并对未来的外贸发展提出自己的看法。

有一点是肯定的，在这个行业里要生存，自然会面临竞争，面临优胜劣汰的自然法则。所以，最终在行业洗牌后能够生存下来的，必然有自己的优势和独特的核心竞争力。

在顺境中赚钱不难，在逆境中不亏，甚至继续赚钱，那就很难。所以，外贸形势好的时候要有危机意识，要培养和打造自己的优势和竞争力，以便在经济危机和行业遇到困境的时候依然能够屹立不倒。

像华人首富李嘉诚、股神巴菲特，在经济形势好的时候，他们都不是赚钱最多的；但是经济形势很差的时候，他们依然在赚钱。这就值得我们去思考。

书目介绍

乐贸系列

书名	作者	定价	书号	出版时间
📖 跟着老外学外贸系列				
1. 优势成交:老外这样做销售	Abdelhak Benkerroum（阿道）	45.00元	978-7-5175-0216-6	2017年10月第1版
📖 外贸SOHO系列				
1. 外贸SOHO,你会做吗?	黄见华	30.00元	978-7-5175-0141-1	2016年7月第1版
📖 跨境电商系列				
1. 跨境电商3.0时代——把握外贸转型时代风口	朱秋城(Mr. Harris)	55.00元	978-7-5175-0140-4	2016年9月第1版
2. 118问玩转速卖通——跨境电商海外淘金全攻略	红鱼	38.00元	978-7-5175-0095-7	2016年1月第1版
📖 外贸职场高手系列				
1. JAC写给外贸公司老板的企管书	JAC	45.00元	978-7-5175-0225-8	2017年10月第1版
2. 外贸大牛的术与道	丹牛	38.00元	978-7-5175-0163-3	2016年10月第1版
3. JAC外贸谈判手记——JAC和他的外贸故事	JAC	45.00元	978-7-5175-0136-7	2016年8月第1版
4. Mr. Hua创业手记——从0到1的"华式"创业思维	华超	45.00元	978-7-5175-0089-6	2015年10月第1版
5. 外贸会计上班记	谭天	38.00元	978-7-5175-0088-9	2015年10月第1版
6. JAC外贸工具书——JAC和他的外贸故事	JAC	45.00元	978-7-5175-0053-7	2015年7月第1版
7. 外贸菜鸟成长记(0~3岁)	何嘉美	35.00元	978-7-5175-0070-4	2015年6月第1版
📖 外贸操作实务子系列				
1. 外贸全流程攻略——进出口经理跟单手记(第二版)	温伟雄（马克老温）	38.00元	978-7-5175-0197-8	2017年4月第2版
2. 金牌外贸业务员找客户(第三版)——跨境电商时代开发客户的9种方法	张劲松	40.00元	978-7-5175-0098-8	2016年1月第3版
3. 实用外贸技巧助你轻松拿订单(第二版)	王陶(波锅涅)	30.00元	978-7-5175-0072-8	2015年7月第2版
4. 出口营销实战(第三版)	黄泰山	45.00元	978-7-80165-932-3	2013年1月第3版
5. 外贸实务疑难解惑220例	张浩清	38.00元	978-7-80165-853-1	2012年1月第1版
6. 外贸高手客户成交技巧	毅冰	35.00元	978-7-80165-841-8	2012年1月第1版

书名	作者	定价	书号	出版时间
7. 报检七日通	徐荣才 朱瑾瑜	22.00 元	978-7-80165-715-2	2010 年 8 月第 1 版
8. 外贸业务经理人手册（第2版）	陈文培	39.00 元	978-7-80165-671-1	2010 年 1 月第 1 版
9. 外贸实用工具手册	本书编委会	32.00 元	978-7-80165-558-5	2009 年 1 月第 1 版
10. 快乐外贸七讲	朱芷萱	22.00 元	978-7-80165-373-4	2009 年 1 月第 1 版
11. 危机生存——十位经理人谈金融危机下的经营之道	本书编委会	22.00 元	978-7-80165-586-8	2009 年 1 月第 1 版
12. 外贸七日通（最新修订版）	黄海涛（深海鱿鱼）	22.00 元	978-7-80165-397-0	2008 年 8 月第 3 版

出口风险管理子系列

书名	作者	定价	书号	出版时间
1. 轻松应对出口法律风险	韩宝庆	39.80 元	978-7-80165-822-7	2011 年 9 月第 1 版
2. 出口风险管理实务（第二版）	冯斌	48.00 元	978-7-80165-725-1	2010 年 4 月第 2 版
3. 50 种出口风险防范	王新华 陈丹凤	35.00 元	978-7-80165-647-6	2009 年 8 月第 1 版

外贸单证操作子系列

书名	作者	定价	书号	出版时间
1. 外贸单证经理的成长日记（第二版）	曹顺祥	40.00 元	978-7-5175-0130-5	2016 年 6 月第 2 版
2. 跟单信用证一本通	何源	35.00 元	978-7-80165-849-4	2012 年 1 月第 1 版
3. 信用证审单有问有答 280 例	李一平 徐珺	37.00 元	978-7-80165-761-9	2010 年 8 月第 1 版
4. 外贸单证解惑 280 例	龚玉和 齐朝阳	38.00 元	978-7-80165-638-4	2009 年 7 月第 1 版
5. 信用证 6 小时教程	黄海涛（深海鱿鱼）	25.00 元	978-7-80165-624-7	2009 年 4 月第 2 版
6. 跟单高手教你做跟单	汪德	32.00 元	978-7-80165-623-0	2009 年 4 月第 1 版
7. 外贸单证处理技巧（第 3 版）	屈韬	42.00 元	978-7-80165-516-5	2008 年 5 月第 1 版

福步外贸高手子系列

书名	作者	定价	书号	出版时间
1. 外贸电邮营销实战——小小开发信 订单滚滚来（第二版）	薄如骢	45.00 元	978-7-5175-0126-8	2016 年 5 月第 2 版
2. 巧用外贸邮件拿订单	刘裕	45.00 元	978-7-80165-966-8	2013 年 8 月第 1 版
3. 外贸技巧与邮件实战	刘云	28.00 元	978-7-80165-536-3	2008 年 7 月第 1 版

国际物流操作子系列

书名	作者	定价	书号	出版时间
1. 货代高手教你做货代——优秀货代笔记（第二版）	何银星	33.00 元	978-7-5175-0003-2	2014 年 2 月第 2 版
2. 国际物流操作风险防范——技巧·案例分析	孙家庆	32.00 元	978-7-80165-577-6	2009 年 4 月第 1 版

书名	作者	定价	书号	出版时间
3. 集装箱运输与海关监管	赵 宏	23.00元	978-7-80165-559-2	2009年1月第1版

📖 通关实务子系列

书名	作者	定价	书号	出版时间
1. 外贸企业轻松应对海关估价	熊 斌 赖 芸 王卫宁	35.00元	978-7-80165-895-1	2012年9月第1版
2. 报关实务一本通（第2版）	苏州工业园区海关	35.00元	978-7-80165-889-0	2012年8月第2版
3. 如何通过原产地证尽享关税优惠	南京出入境检验检疫局	50.00元	978-7-80165-614-8	2009年4月第3版

📖 彻底搞懂子系列

书名	作者	定价	书号	出版时间
1. 彻底搞懂关税（第二版）	孙金彦	43.00元	978-7-5175-0172-5	2017年1月第2版
2. 彻底搞懂提单（第二版）	张敏 张鹏飞	38.00元	978-7-5175-0164-0	2016年12月第2版
3. 彻底搞懂信用证（第二版）	王腾 曹红波	35.00元	978-7-80165-840-1	2011年11月第2版
4. 彻底搞懂中国自由贸易区优惠	刘德标 祖月	34.00元	978-7-80165-762-6	2010年8月第1版
5. 彻底搞懂贸易术语	陈 岩	33.00元	978-7-80165-719-0	2010年2月第1版
6. 彻底搞懂海运航线	唐丽敏	25.00元	978-7-80165-644-5	2009年7月第1版

📖 外贸英语实战子系列

书名	作者	定价	书号	出版时间
1. 让外贸邮件说话——读懂客户心理的分析术	蔡泽民（Chris）	38.00元	978-7-5175-0167-1	2016年12月第1版
2. 十天搞定外贸函电	毅 冰	38.00元	978-7-80165-898-2	2012年10月第1版
3. 外贸高手的口语秘籍	李 凤	35.00元	978-7-80165-838-8	2012年2月第1版
4. 外贸英语函电实战	梁金水	25.00元	978-7-80165-705-3	2010年1月第1版
5. 外贸英语口语一本通	刘新法	29.00元	978-7-80165-537-0	2008年8月第1版

📖 外贸谈判子系列

书名	作者	定价	书号	出版时间
1. 外贸英语谈判实战（第二版）	王慧 仲颖	38.00元	978-7-5175-0111-4	2016年3月第2版
2. 外贸谈判策略与技巧	赵立民	26.00元	978-7-80165-645-2	2009年7月第1版

📖 国际商务往来子系列

书名	作者	定价	书号	出版时间
国际商务礼仪大讲堂	李嘉珊	26.00元	978-7-80165-640-7	2009年12月第1版

📖 贸易展会子系列

书名	作者	定价	书号	出版时间
外贸参展全攻略——如何有效参加B2B贸易商展（第三版）	钟景松	38.00元	978-7-5175-0076-6	2015年8月第3版

书名	作者	定价	书号	出版时间
📖 区域市场开发子系列				
中东市场开发实战	刘军 沈一强	28.00元	978-7-80165-650-6	2009年9月第1版
📖 国际结算子系列				
1. 国际结算函电实务	周红军 阎之大	40.00元	978-7-80165-732-9	2010年5月第1版
2. 出口商如何保障安全收汇 ——L/C、D/P、D/A、O/A精讲	庄乐梅	85.00元	978-7-80165-491-5	2008年5月第1版
📖 国际贸易金融工具子系列				
1. 出口信用保险 ——操作流程与案例	中国出口信用保险公司	35.00元	978-7-80165-522-6	2008年5月第1版
2. 福费廷	周红军	26.00元	978-7-80165-451-9	2008年1月第1版
📖 加工贸易操作子系列				
1. 加工贸易实务操作与技巧	熊斌	35.00元	978-7-80165-809-8	2011年4月第1版
2. 加工贸易达人速成 ——操作案例与技巧	陈秋霞	28.00元	978-7-80165-891-3	2012年7月第1版
📖 乐税子系列				
1. 外贸企业免抵退税实务 ——经验·技巧分享	徐玉树 罗玉芳	45.00元	978-7-5175-0135-0	2016年6月第1版
2. 外贸会计账务处理实务 ——经验·技巧分享	徐玉树	38.00元	978-7-80165-958-3	2013年8月第1版
3. 生产企业免抵退税实务 ——经验·技巧分享(第二版)	徐玉树	42.00元	978-7-80165-936-1	2013年2月第2版
4. 外贸企业出口退(免)税常见错误解析100例	周朝勇	49.80元	978-7-80165-933-0	2013年2月第1版
5. 生产企业出口退(免)税常见错误解析115例	周朝勇	49.80元	978-7-80165-901-9	2013年1月第1版
6. 外汇核销指南	陈文培等	22.00元	978-7-80165-824-1	2011年8月第1版
7. 外贸企业出口退税操作手册	中国出口退税咨询网	42.00元	978-7-80165-818-0	2011年5月第1版
8. 生产企业免抵退税从入门到精通	中国出口退税咨询网	98.00元	978-7-80165-695-7	2010年1月第1版
9. 出口涉税会计实务精要(《外贸会计实务精要》第2版)	龙博客工作室	32.00元	978-7-80165-660-5	2009年9月第2版
📖 专业报告子系列				
1. 国际工程风险管理	张燎	1980.00元	978-7-80165-708-4	2010年1月第1版
2. 涉外型企业海关事务风险管理报告	《涉外型企业海关事务风险管理报告》研究小组	1980.00元	978-7-80165-666-7	2009年10月第1版

| 书名 | 作者 | 定价 | 书号 | 出版时间 |

📖 外贸企业管理子系列

书名	作者	定价	书号	出版时间
1. 小企业做大外贸的制胜法则——职业外贸经理人带队伍手记	胡伟锋	35.00元	978-7-5175-0071-1	2015年7月第1版
2. 小企业做大外贸的四项修炼	胡伟锋	26.00元	978-7-80165-673-5	2010年1月第1版

📖 国际贸易金融子系列

书名	作者	定价	书号	出版时间
1. 信用证风险防范与纠纷处理技巧	李道金	45.00元	978-7-5175-0079-7	2015年10月第1版
2. 国际贸易金融服务全程通（第二版）	郭党怀 张丽君 张贝	43.00元	978-7-80165-864-7	2012年1月第2版
3. 国际结算与贸易融资实务	李华根	42.00元	978-7-80165-847-0	2011年12月第1版

📖 毅冰谈外贸子系列

书名	作者	定价	书号	出版时间
毅冰私房英语书——七天秀出外贸口语	毅冰	35.00元	978-7-80165-965-1	2013年9月第1版

"实用型"报关与国际货运专业教材

书名	作者	定价	书号	出版时间
1. e时代报关实务	王云	40.00元	978-7-5175-0142-8	2016年6月第1版
2. 供应链管理实务	张远昌	48.00元	978-7-5175-0051-3	2015年4月第1版
3. 电子口岸实务（第二版）	林青	35.00元	978-7-5175-0027-8	2014年6月第2版
4. 报检实务（第二版）	孔德民	38.00元	978-7-80165-999-6	2014年3月第2版
5. 进出口商品归类实务（第二版）	林青	45.00元	978-7-80165-902-6	2013年1月第2版
6. 现代关税实务（第2版）	李齐	35.00元	978-7-80165-862-3	2012年2月第2版
7. 国际贸易单证实务（第2版）	丁行政	45.00元	978-7-80165-855-5	2012年1月第2版
8. 报关实务（第3版）	杨鹏强	45.00元	978-7-80165-825-8	2011年9月第3版
9. 海关概论（第2版）	王意家	36.00元	978-7-80165-805-0	2011年4月第2版
10. 国际集装箱班轮运输实务	林益松 郑海棠	43.00元	978-7-80165-770-1	2010年4月第1版
11. 国际货运代理操作实务	杨鹏强	45.00元	978-7-80165-709-1	2010年1月第1版
12. 航空货运代理实务	杨鹏强	37.00元	978-7-80165-707-7	2010年1月第1版
13. 进出口商品归类实务——实训题参考答案	林青	12.00元	978-7-80165-692-6	2009年12月第1版

"精讲型"国际贸易核心课程教材

书名	作者	定价	书号	出版时间
1. 国际货运代理实务精讲（第二版）	杨占林 汤兴 官敏发	48.00元	978-7-5175-0147-3	2016年8月第2版

书名	作者	定价	书号	出版时间
2. 海关法教程（第三版）	刘达芳	45.00 元	978-7-5175-0113-8	2016 年 4 月第 3 版
3. 国际电子商务实务精讲（第二版）	冯晓宁	45.00 元	978-7-5175-0092-6	2016 年 3 月第 2 版
4. 国际贸易单证精讲（第 4 版）	田运银	45.00 元	978-7-5175-0058-2	2015 年 6 月第 4 版
5. 国际贸易操作实训精讲（第 2 版）	田运银 胡少甫 史 理 朱东红	48.00 元	978-7-5175-0052-0	2015 年 2 月第 2 版
6. 国际贸易实务精讲（第 6 版）	田运银	48.00 元	978-7-5175-0032-2	2014 年 8 月第 6 版
7. 进出口商品归类实务精讲	倪淑如 倪 波 田运银	48.00 元	978-7-5175-0016-2	2014 年 7 月第 1 版
8. 外贸单证实训精讲	龚玉和 齐朝阳	42.00 元	978-7-80165-937-8	2013 年 4 月第 1 版
9. 外贸英语函电实务精讲	傅龙海	42.00 元	978-7-80165-935-4	2013 年 2 月第 1 版
10. 国际结算实务精讲	庄乐梅 李 菁	49.80 元	978-7-80165-929-3	2013 年 1 月第 1 版
11. 报关实务精讲	孔德民	48.00 元	978-7-80165-886-9	2012 年 6 月第 1 版
12. 国际商务谈判实务精讲	王 慧 唐力忻	26.00 元	978-7-80165-826-5	2011 年 9 月第 1 版
13. 国际会展实务精讲	王重和	38.00 元	978-7-80165-807-4	2011 年 5 月第 1 版
14. 国际贸易实务疑难解答	田运银	20.00 元	978-7-80165-718-3	2010 年 9 月第 1 版
15. 集装箱运输系统与操作实务精讲	田聿新 杨永志	38.00 元	978-7-80165-642-1	2009 年 7 月第 1 版

"实用型"国际贸易课程教材

1. 海关报关实务	倪淑如 倪 波	48.00 元	978-7-5175-0150-3	2016 年 9 月第 1 版
2. 国际金融实务	李 齐 唐晓林	48.00 元	978-7-5175-0134-3	2016 年 6 月第 1 版
3. 外贸跟单实务	罗 艳	48.00 元	978-7-80165-954-5	2013 年 8 月第 1 版
4. 国际贸易实务	丁行政 罗 艳	48.00 元	978-7-80165-962-0	2013 年 8 月第 1 版

电子商务大讲堂·外贸培训专用

1. 外贸操作实务	本书编委会	30.00 元	978-7-80165-621-6	2009 年 5 月第 1 版
2. 网上外贸——如何高效获取订单	本书编委会	30.00 元	978-7-80165-620-9	2009 年 5 月第 1 版
3. 出口营销指南	本书编委会	30.00 元	978-7-80165-619-3	2009 年 5 月第 1 版
4. 外贸实战与技巧	本书编委会	30.00 元	978-7-80165-622-3	2009 年 5 月第 1 版

中小企业财会实务操作系列丛书

1. 小企业会计疑难解惑 300 例	刘华 刘方周	39.80 元	978-7-80165-845-6	2012 年 1 月第 1 版
2. 做顶尖成本会计应知应会 150 问	张 胜	38.00 元	978-7-80165-819-7	2011 年 8 月第 1 版
3. 会计实务操作一本通	吴虹雁	35.00 元	978-7-80165-751-0	2010 年 8 月第 1 版

2017 年中国海关出版社乐贸系列
新书重磅推荐 >>

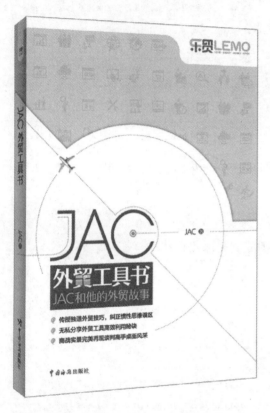

JAC 外贸工具书
——JAC 和他的外贸故事

作者：JAC
定价：45.00 元
出版日期：2015 年 7 月
书号：978-7-5175-0053-7

内容简介

本书从正确树立外贸思想意识写起，以外贸流程为主线，精选了 JAC 博客中的近百篇文章，对其重新排序、严格审核后放入书中。本书有以下五大特点：

1. 作者分享在客户开发、维护、交往、谈判等方面的独到观点，纠正外贸业务员常有思维误区。

2. 倾心传授多年谈判经验及特有技巧，教你如何把控谈判节奏，掌握主动权。

3. 穿插作者亲身经历的商战实景，助你开阔视野，未雨绸缪。

4. 传授独家"外贸工具箱"，指导读者如何高效运用工具拿订单。

5. 给不同时期的文章加入点评，全新视角，全新解读。